# 200
## recetas para

# 200
## recetas para niños

**BLUME**

Emma Jane Frost

**BLUME**

Título original:
*200 Recipes for Kids*

**Traducción:**
Tara Sheridan

**Revisión técnica de la edición en lengua española:**
Eneida García Odriozola
Cocinera profesional
(Centro de formación de cocineros y pasteleros de Barcelona Bell Art)
Especialista en temas culinarios

**Coordinación de la edición en lengua española:**
Cristina Rodríguez Fischer

*Primera edición en lengua española 2011*

© 2011 Naturart, S. A. Editado por BLUME
Av. Mare de Déu de Lorda, 20
08034 Barcelona
Tel. 93 205 40 00  Fax 93 205 14 41
e-mail: info@blume.net
© 2009 Octopus Publishing Group, Londres

ISBN: 978-84-8076-955-6
Depósito legal: B-6.411-2011
Impreso en Tallers Gràfics Soler, S. A.,
Esplugues de Llobregat (Barcelona)

Todos los derechos reservados. Queda prohibida
la reproducción total o parcial de esta obra,
sea por medios mecánicos o electrónicos,
sin la debida autorización por escrito del editor.

WWW.BLUME.NET

Las raciones que aparecen en este libro están pensadas para el adulto medio
y para niños de unos siete años, por lo que deberá modificarlas en función
del apetito y la edad de su hijo.

En las recetas que se presentan en este libro se utilizan medidas
de cuchara estándar. Una cucharada sopera equivale a 15 ml;
una cucharada de café equivale a 5 ml.

El horno debería precalentarse a la temperatura requerida;
siga siempre las instrucciones de su horno.

Deben utilizarse hierbas frescas, a menos que se indique lo contrario.

Deben utilizarse huevos de tamaño mediano, a menos que se especifique
lo contrario.

Este libro se ha impreso sobre papel manufacturado con materia prima procedente
de bosques sostenibles. En la producción de nuestros libros procuramos, con
el máximo empeño, cumplir con los requisitos medioambientales que promueven
la conservación y el uso sostenible de los bosques, en especial de los bosques
primarios. Asimismo, en nuestra preocupación por el planeta, intentamos emplear
al máximo materiales reciclados, y solicitamos a nuestros proveedores que usen
materiales de manufactura cuya fabricación esté libre de cloro elemental (ECF)
o de metales pesados, entre otros.

# contenido

# introducción

# introducción

Pensamos en las comidas como algo relajante y alegre... en padres y niños sentados juntos a la mesa, conversando y rebañando los platos. Pero la realidad de alimentar a una familia suele ser muy distinta. A menudo, sólo uno de los padres se encuentra en la cocina tratando de entretener a los niños a la vez que prepara la comida, el ingrediente principal está en el congelador cuando debería haberse descongelado con al menos 24 horas de antelación, y uno de los niños tiene que ir a una clase natación. Puesto que a todos nos encantaría llevar una vida menos estresante, este libro se ha escrito con la intención de que las comidas dejen de ser una batalla y se conviertan en experiencias más divertidas e interesantes y, por supuesto, más sanas y satisfactorias para todos los implicados.

## recetas para todas las ocasiones

Todos los padres sabemos que los niños pueden ser muy difíciles a la hora de prepararles la comida. Muchos nos acostumbramos a hacer los mismos platos una y otra vez simplemente porque no soportamos la idea de tirar alimentos a la basura después de una comida. Sin embargo, es en los años de formación cuando los niños aprenden a aceptar, y les empiezan a gustar, los alimentos nuevos y, por tanto, es muy importante animarlos a que experimenten con nuevos sabores y distintas texturas siempre que surja la oportunidad.

Este libro se ha escrito con esto en mente, pero también teniendo en cuenta que los niños suelen ser criaturas quisquillosas a las que les gusta la comida sencilla y atractiva. Cada una de las recetas viene acompañada de una fotografía para mostrarle exactamente lo que va a preparar (y lo que los niños van a comer); naturalmente, todas las recetas han sido probadas por niños para comprobar su aceptación. Y para evitar que sus hijos se aburran de los mismos platos, hemos añadido una variación creativa al final de cada receta que le proporcionará toda la inspiración que necesita para su familia a la hora de comer juntos.

### la hora del desayuno

En el primer capítulo le ofrecemos nada menos que 22 ideas para nuevos desayunos. La mayoría de los niños empieza el día con un cuenco de

cereales comerciales, pero recuerde que los niños tienen un metabolismo muy rápido. Y, especialmente para los niños en edad escolar, el desayuno constituye, sin duda, la comida más importante del día, puesto que su objetivo es proporcionar la energía necesaria hasta la hora de comer.

Un estómago hambriento provoca falta de concentración y la carencia de nutrientes no promete nada bueno para el buen funcionamiento cerebral, así que lléneles el estómago por la mañana de alimentos estupendos que les encantarán –fruta, semillas, avena, huevos y yogur– y verá cómo les cambia radicalmente el día.

### la hora de comer

El siguiente capítulo, «Almuerzos acertados», está concebido para salir de la rutina en la que tantos caemos a la hora de comer, de preparar bocadillos de queso, jamón o atún. Los bebés y niños en edad preescolar a menudo están sumamente hambrientos al mediodía y una comida que llene y, además, sea nutritiva es esencial para prevenir los lloriqueos más tarde a lo largo del día.

### la hora de cenar

Las «Cenas fabulosas» que encontrará en el siguiente capítulo son precisamente eso: comidas que los niños siempre comerán y que a usted le encantarán. Puede que algunas de las recetas de este capítulo resulten algo más trabajosas que otras, pero se han incluido porque gustarán a casi todos los niños comensales. Y, por tanto, son una opción estupenda, no sólo para sus propios hijos, sino también para cuando tenga visita y deba complacer distintos gustos.

Y recuerde, si sus hijos cenan bien, la hora de acostarse será, sin duda, una experiencia más tranquila y alegre.

9

### comidas para llevar

Comer en el vehículo a la vuelta del entrenamiento deportivo, o en una sillita de paseo de camino a recoger a los hermanos del colegio es, desgraciadamente, algo constante en los ajetreados estilos de vida actuales. El capítulo «Cenas sobre la marcha» está pensado para reducir el estrés de esos días especialmente intensos en los que sentarse a comer a la mesa es realmente imposible. En teoría, estas recetas son para llevar y no ensucian mucho, por lo que se puede disfrutar de ellas en el vehículo, en la sillita de paseo o en el polideportivo, pero no olvide llevar consigo papel de aluminio, film transparente para alimentos y toallitas húmedas, ya que, indudablemente, se derramará algo.

### comer fuera

El capítulo titulado «Comidas estilo cafetería» se ha incluido porque, al igual que a los adultos, a la mayoría de los niños les gusta que les saquen a comer fuera. Las ideas que proponemos en este capítulo son para esas ocasiones en las que el presupuesto no alcanza para una comida de cafetería, o en las que las prisas, o los niños pequeños, no permiten arduas esperas en establecimientos faltos de personal. Y si tiene tiempo, y ganas, puede hacer que estas comidas sean aún más divertidas poniendo la mesa en otra habitación o colocando los platos y cubiertos sobre una alfombra en el suelo, o fuera, en el jardín, para salir un poco de lo habitual. O mejor aún, asegúrese de tener una selección de cajitas de cartón desplegables y sirva en ellas la comida estilo cafetería; le sorprenderá cuánto disfruta su hijo comiendo con un nuevo recipiente.

### tentempiés nutritivos

Para algunos, el término *snack* («tentempié») es una palabra negativa que trae a la mente imágenes de chocolatinas llenas de aditivos y chucherías que engordan. Pero, en realidad, los niños siempre necesitan tomar tentempiés nutritivos entre las tres comidas del día para que no decaigan sus niveles de energía y para prevenir ataques de mal humor. Como podrá observar, muchas de las recetas del capítulo «Tentempiés estupendos» están repletas de delicias nutritivas: frutas cargadas de vitaminas, una selección de frutos secos y semillas (una forma excelente, y «portátil», de obtener proteínas), y una variedad de granos integrales para mantener la energía.

## postres

En algunas ocasiones el término *postre* se considera un concepto anticuado con connotaciones de ser algo indigesto e insípido, pero siempre surge alguna ocasión para mimar a los niños con un postre casero nutritivo y a la vez sustancioso.

A casi todos los niños les encanta el sabor del azúcar, así que, ¡qué mejor ocasión que la del postre para que degusten distintas frutas y exóticos sabores!

Pruebe las recetas de este capítulo y observe cómo sus hijos comen abundante fruta cruda y cocida acompañada de ingredientes crujientes, crepes, chocolate, helado y unas sabrosas natillas caseras.

## el tiempo

Alimentar a los niños, ya tengan 2 años o 12, puede llevar tiempo y, por tanto, todas las recetas de este libro han considerado la duración y la sencillez.

La primera vez que las prepare, puede que tarde un poco más de lo que esperaba y, si se ha quedado estancado en la rutina de preparar varitas de pescado y espaguetis a la boloñesa, aprender a usar nuevos ingredientes le llevará algún tiempo. La clave para elaborar comidas sabrosas para los niños reside en la planificación. Este libro ofrece una amplia variedad de inspiradoras ideas de recetas para desayunos, almuerzos, cenas y tentempiés, así que trate de encontrar unos minutos (aunque parezca difícil en una casa llena de niños que exigen mucha atención) para planificar las comidas de la semana; compre sólo lo que necesita para preparar las recetas y descongele la carne y el pescado con suficiente tiempo. A la hora de cocinar para niños, es más importante que nunca tener a mano alimentos de primera necesidad en la despensa. Por ende, asegúrese de tener siempre en la cocina los ingredientes clave para poder preparar estupendas comidas para niños: salsa de soja, harina, pasta seca, quesos cheddar y parmesano, pastillas de caldo de pollo, concentrado de tomate, aceite de oliva, leche de coco, canela, nuez moscada, hierbas y especias. También es aconsejable tener en el congelador algunas verduras ricas en nutrientes para poder añadirlas a las comidas de los niños; las espinacas, el maíz y los guisantes congelados suelen ser las preferidas. Y tampoco se olvide de tener siempre a mano una lata de tomate y algunas latas de atún o salmón para que pueda obrar un milagro en el último momento.

## hacer participar a los niños

Aunque parezca un cliché, hacer participar a los hijos en la preparación de las comidas muy probablemente ayude a que la acepten cuando esté en la mesa. El hecho de ayudar a preparar la comida traerá los alimentos a la imaginación del niño, quien podrá empezar a verlos como una parte emocionante de su día. Por este motivo, muchas de las recetas de este libro se han escrito con la participación de los hijos en mente, sin importar su edad ni su capacidad para cocinar.

Por ejemplo, la receta de los espárragos en sus mantas (*véanse* págs. 58 y 59) es estupenda para que los niños prueben los espárragos por primera vez. Anímeles a enrollar los espárragos en jamón serrano y déjeles espolvorear el parmesano por encima; a los niños pequeños les encantará que los espárragos se asomen desde debajo de sus mantas. O también puede alentarlos a trocear las aceitunas y el jamón y esparcirlos por encima de los bollitos-pizza (*véanse* págs. 118-119). A muchos niños les encanta observar cómo se hacen los batidos de desayuno (*véanse* págs. 32 y 33) en la batidora, pero tenga cuidado porque puede que el ruido de la batidora haga salir corriendo de la habitación a los niños más pequeños.

## cultivar sus propios alimentos

Para llevar este concepto aún más lejos, a los padres de niños que se niegan a comer fruta y verdura podría resultarles provechoso pasar tiempo en el jardín para cultivar productos de huerta. Por ejemplo, cultivar zanahorias a partir de semillas en grandes recipientes de plástico

es una experiencia enormemente gratificante para un niño, sobre todo cuando hay que recolectarlas y pueden comerlas sin haberles quitado sus hojas verdes.

Y para quienes tengan buenas intenciones pero no dispongan de espacio exterior, poner a germinar algunas semillas en el alféizar de una ventana puede brindar grandes beneficios a la dieta de un niño. Las semillas germinadas están cargadas de nutrientes, y a la mayoría de los niños les gustará cultivarlas y después añadirlas a los platos de pasta o a unas patatas al horno. Cultivar hierbas como el tomillo, el perejil y la menta en jardineras también es una forma estupenda de poder incluir vitaminas adicionales en las comidas de los hijos; además ellos se pueden encargar de recoger las hierbas, picarlas

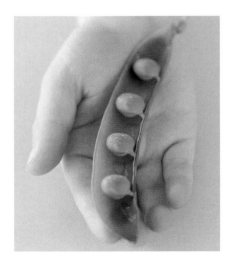

y mezclarlas con sus comidas. Esto les da un sentido de pertenencia y hace que controlen su propia comida.

## elegir los ingredientes

En el momento de comprar los ingredientes para las recetas de este libro, procure adquirir los más frescos que pueda encontrar. Las frutas y las verduras empiezan a perder nutrientes una vez recolectadas, así que, tras su recolección, cuanto antes se consuman, más beneficiosas serán para su hijo.

Si su presupuesto lo permite, quizá quiera utilizar ingredientes ecológicos. Cada vez más gente elige productos alimenticios ecológicos para sus familias y es fácil entender por qué. Los alimentos ecológicos contienen más minerales beneficiosos, aminoácidos y vitaminas imprescindibles. La leche ecológica, por ejemplo, contiene casi un 70 % más de ácido graso esencial omega 3 que su equivalente convencional. La carne ecológica no contiene pesticidas, sustancias químicas ni antibióticos y los cultivos ecológicos se realizan de forma natural y no se rocían rutinariamente con pesticidas. Y, aunque quizás muchos de estos pesticidas sean inocuos, todavía se están llevando a cabo pruebas científicas para determinar si existe algún efecto nocivo duradero para la salud; hasta que sepamos los resultados, merece la pena comprar alimentos ecológicos a nuestros hijos para proporcionarles los nutrientes adicionales que contienen.

## las raciones y la comida en familia

La mayoría de las recetas de este libro están pensadas para una familia de cuatro miembros, dos adultos

y dos niños de unos 7 años de edad, que comen juntos. Pero, obviamente, si sólo va a cocinar para usted y uno o dos niños, quizá sea aconsejable reducir los ingredientes a la mitad o, si la receta lo permite, utilizar las cantidades indicadas y congelar unas cuantas raciones para otro día.

Dicho esto, siempre que sea posible, es recomendable tomarse el tiempo para sentarse a comer con los hijos, por dos razones fundamentales. La primera, porque usted es un modelo para sus hijos, así que si le ven comiendo algo nuevo es más probable que lo prueben ellos. Y la segunda, porque las comidas deberían ser momentos sociales, para conversar, reírse y contarse las actividades del día. Debido a los ajetreados estilos de vida actuales (padres trabajadores, actividades extraescolares y familia monoparental), es poco frecuente que un padre encuentre tiempo simplemente para sentarse a hablar con sus hijos. Siempre que sea posible, tómese su tiempo para comer, sobre todo cuando se trate de esas comidas en las que va a incluir alimentos nuevos, y no se olvide de elogiar al niño cuando pruebe algo nuevo, aunque sólo sea un sabor.

## ¡a cocinar!

Una comida gratificante lleva un poco de planificación y algo de tiempo; además, requiere buenos ingredientes, una pizca de inspiración y ánimos. Si hasta la fecha cocinar para sus hijos ha sido una experiencia decepcionante, en este libro debería de poder encontrar inspiración suficiente para que las comidas dejen de ser batallas.

# desayunos

# crepes calientes con melocotón y canela

para **8 crepes**
tiempo de preparación
   **10 minutos**
tiempo de cocción **20 minutos**

3 **melocotones** pequeños
   maduros
1 cucharadita de **canela
   en polvo**
6 cucharadas de **jarabe de arce**
125 g de **harina bizcochona**
2 cucharadas de **azúcar
   blanquilla**
1 **huevo**
150 ml de **leche**
un poco de **aceite**, para engrasar

**Corte** los melocotones por la mitad y deshuéselos. Corte 1 de los melocotones en trozos grandes y resérvelo, y luego los 2 restantes en rodajas grandes y mézclalas en un cuenco pequeño con una pizca de la canela molida y el jarabe de arce. Resérvelas.

**Tamice** la harina junto con la canela restante en un cuenco y añada el azúcar de caña. Abra un hueco en el centro y reserve la preparación. Bata bien el huevo junto con la leche en una jarra; después, viértala en el hueco de la mezcla de harina. Incorpore, rápidamente y con delicadeza, para que la masa adquiera una consistencia como la de la crema de leche espesa. Agregue, mientras remueve, los melocotones troceados.

**Engrase** ligeramente con aceite una sartén de fondo grueso o una plancha. Eche cucharadas colmadas de la masa sobre la sartén y fría a fuego moderado durante 1 o 2 minutos, hasta que en la superficie salgan burbujas y revienten. Dele la vuelta a la crepe y fríala 1 o 2 minutos más. Retírela de la sartén y manténgala caliente mientras prepara el resto de las crepes.

**Sírvalas** calientes con 1 cucharada colmada de la mezcla de melocotones y jarabe de arce por encima de cada una.

**Para preparar crepes cremosas con plátano**, haga la masa como se indica en la receta y sustituya los melocotones por 1 plátano pequeño, cortado en rodajas gruesas. Fríala durante 1 minuto por cada lado, hasta que esté dorada; sirva con 1 plátano cortado en rodajas finas y mezclado con 2 cucharadas de jarabe de arce por encima.

# gachas de avena
## con manzana caramelizada

**4 raciones**
tiempo de preparación
   **10 minutos**
tiempo de cocción **15 minutos**

500 g de **manzanas**, peladas,
   sin corazón y cortadas
   en trozos grandes
½ cucharadita de **especias**
   **variadas en polvo**
½ cucharadita de **jengibre**
   **en polvo**
5 cucharadas de **azúcar moreno**
8 cucharadas de **agua**
600 ml de **leche**
150 g de **copos de avena**

**Coloque** las manzanas en una cacerola de fondo grueso de tamaño mediano junto con las especias, 3 cucharadas de azúcar y el agua. Lleve a ebullición y reduzca el fuego a lento. Tape la olla y cueza a fuego muy suave durante 4-5 minutos, removiendo de vez en cuando, hasta que las manzanas estén blandas, pero todavía conserven un poco la forma. Reserve con la cacerola tapada para que no se enfríe mientras hace las gachas.

**Lleve** la leche, junto con el resto del azúcar, a ebullición, removiendo de vez en cuando. Retírela del fuego y añada los copos de avena. Remuévalo bien y póngalo a fuego lento, sin dejar de remover, durante 4 o 5 minutos, hasta que las gachas espesen.

**Agregue** la mitad de la preparación de manzana y mézclela bien con las gachas. Después, ponga las gachas en 4 cuencos calientes con la ayuda de un cucharón. Esparza por encima con una cuchara el resto de la mezcla de manzana y, si lo desea, antes de servirlas, rocíelas con el almíbar de manzana caramelizada.

**Para preparar gachas de avena rosas**, triture 250 g de frambuesas frescas junto con 1 cucharadita de azúcar de caña. Prepare las gachas como se indica en la receta; retírelas del fuego y agregue las frambuesas trituradas con la ayuda de una cuchara. Removiendo una o dos veces, forme un efecto amarmolado con las frambuesas y luego, con un cucharón, ponga las gachas de avena en cuencos calientes. Si lo desea, sírvalas con unas cucharadas de yogur griego por encima.

# desayuno tardío con brío

**4 raciones**
tiempo de preparación
**15 minutos**
tiempo de cocción
**15-20 minutos**

400 g de **hojaldre**
1 **pimiento rojo**, sin semillas
ni corazón, cortado en trozos
grandes
2 **tomates** cortados en cuñas
125 g de **champiñones
pequeños**, cortados
por la mitad
2 cucharadas de **aceite de oliva**
6 **huevos**
8 lonchas de **panceta** o **beicon**
sin corteza, cortadas finas
15 g de **mantequilla**, y un poco
más para engrasar

**Desenrolle** el hojaldre y corte cuatro rectángulos de
12 × 10 cm. Con la punta de un cuchillo pequeño, haga
un corte poco profundo a 1 cm de los bordes en cada
rectángulo, asegurándose de no llegar a la base. Coloque
los rectángulos de masa en una placa de horno engrasada.

**Disponga** el pimiento, los tomates y los champiñones
en los rectángulos de hojaldre sin que toquen los bordes
marcados. Rocíe con 1 cucharada de aceite de oliva y
cocine en el horno precalentado a 220 °C de 15 a 20 minutos,
hasta que los hojaldres suban y hayan cogido un tono dorado.

**Bata** los huevos en un cuenco mientras se hacen los hojaldres.
Caliente el resto del aceite en una sartén y sofría la panceta
(o el beicon) unos 2 minutos por cada lado hasta que esté
crujiente, dándoles la vuelta a las lonchas con una pala
de servir o una espátula de madera. Derrita la mantequilla
en una cacerola grande, vierta los huevos batidos y cocínelos
a fuego suave, sin dejar de remover, hasta que estén revueltos.

**Saque** la placa del horno y coloque los hojaldres en platos.
Ponga unas cucharadas de huevos revueltos en el centro
de cada hojaldre y añada las lonchas de panceta o beicon.
Sírvalos mientras aún estén calientes.

**Para preparar hojaldres de salchicha y tomate**, coloque
8 salchichas «chipolata» de buena calidad en una plancha
caliente y áselas, dándoles la vuelta, de 8 a 10 minutos, hasta
que estén hechas y doradas. Agregue a la plancha 8 tomates
pequeños cortados por la mitad, con la parte cortada hacia
arriba, y deje que se asen durante los últimos 5 minutos de
cocción. Corte las salchichas por la mitad, mézclalas con los
tomates y 1 cucharada de perejil picado y utilice la preparación
para rellenar los hojaldres como se indica en la receta.

# torrijas con arándanos

**4 raciones**
tiempo de preparación
  **5 minutos**
tiempo de cocción **10 minutos**

2 **huevos**
25 g de **azúcar blanquilla**
½ cucharadita de **canela
  en polvo**
4 cucharadas de **leche**
25 g de **mantequilla**
4 rebanadas gruesas de *brioche*
100 g de **arándanos**
8 cucharadas de **yogur griego**
4 cucharaditas de **miel**,
  para rociar

**Bata** los huevos en un cuenco junto con el azúcar, la canela y la leche. Caliente la mantequilla en una sartén grande de fondo grueso. Sumerja las rebanadas de *brioche* en la mezcla de huevo, de dos en dos. Luego, póngalas en la sartén caliente y fríalas durante 1 o 2 minutos por ambos lados, hasta que se doren.

**Repita** el proceso con el resto de las rebanadas de *brioche* y mezcle la mitad de los arándanos con el yogur.

**Sirva** las torrijas calientes con cucharadas de yogur y el resto de los arándanos esparcidos por encima, y rocíelas con un poco de miel.

**Para preparar torrijas con azúcar y canela**, haga las torrijas como se indica en la receta y, una vez calientes y listas, póngalas en platos. Mezcle 50 g de azúcar terciado con ½ cucharadita de canela molida. Espolvoree las torrijas calientes con el azúcar con canela y sírvalas.

# alubias aromáticas con panceta

**4 raciones**
tiempo de preparación
**10 minutos**
tiempo de cocción **15 minutos**

1 cucharada de **aceite de oliva**
6 lonchas de **panceta** sin
corteza, cortadas gruesas
1 **zanahoria** pequeña,
rallada fina
400 g de **tomates troceados**
de lata
3 cucharadas de **concentrado
de tomate**
2 cucharadas de **miel líquida**
400 g de **alubias pintas**
de lata, escurridas
3 cucharadas de **perejil** picado
(opcional)
4 rebanadas gruesas de
**pan integral** o **pan Granary**
(con granos de trigo malteado)
25 g de **parmesano**
recién rallado (opcional)

**Caliente** el aceite en una sartén grande de fondo grueso
y sofría la panceta a fuego moderado durante 2 o 3 minutos,
hasta que adquiera un tono dorado claro. Agregue la zanahoria
y sofría 1 minuto más.

**Añada** los tomates, el concentrado de tomate y la miel
y caliéntelos hasta que el jugo de tomate burbujee.
Incorpore las alubias; baje el fuego y deje cocer a fuego
lento, sin tapar, durante 4 minutos, hasta que el jugo de
tomate se reduzca y espese un poco. Añada el perejil,
si lo desea, sin dejar de remover, y reserve.

**Tueste** ligeramente el pan en el grill hasta que se dore
y esté un poco crujiente. Coloque las tostadas en platos
calientes y ponga las alubias aromáticas y la panceta
por encima. Si lo desea, espolvoree con el parmesano.

**Para preparar alubias con salchichas**, fría 4 salchichas
de calidad durante 5 o 6 minutos y vaya dándoles la vuelta
hasta que se doren. Retírelas de la sartén y córtelas en
rodajas. Una vez cortadas, vuelva a introducirlas en la sartén
junto con 100 g de chorizo cortado en rodajas finas y siga
friendo 2 minutos más, removiendo de vez en cuando, hasta
que las salchichas estén doradas. Continúe como se indica
en la receta y, si lo desea, sirva con el parmesano espolvoreado
por encima.

# molletes matutinos con kétchup

4 raciones
tiempo de preparación
**15 minutos**
tiempo de cocción
**20-25 minutos**

500 g de **salchichas** de buena
  calidad
1 cucharada de **romero** picado
3 cucharadas de **perejil** picado
1 cucharada de **miel** espesa
1 cucharada de **vinagre**
4 **huevos**
2 **molletes** (pan de miga blanda)
  cortados por la mitad

para el **kétchup**
400 g de **tomates troceados**
  en lata
2 cucharadas de **jarabe de arce**
1 cucharada de **azúcar moreno**
3 cucharadas de **vino tinto**
**vinagre**

**Ponga** todos los ingredientes para hacer el kétchup en una cacerola pequeña de fondo grueso y llévelos a ebullición. Baje el fuego y cuézalos, sin tapar, a fuego lento de 5 a 7 minutos, removiendo de vez en cuando hasta que se forme una salsa espesa. Pásela por un robot de cocina y, luego, póngala en un frasco y deje que se enfríe.

**Corte** las salchichas a lo largo; retíreles la piel y deséchela. Ponga la carne de salchicha en un cuenco junto con las hierbas aromáticas y la miel y mézclalas bien. Con las manos húmedas, forme 8 hamburguesas pequeñas e introdúzcalas en el grill precalentado a media potencia de 10 a 12 minutos y deles la vuelta una vez durante la cocción.

**Mientras tanto**, llene una cacerola de agua hasta la mitad, añada el vinagre y llévela a ebullición. Baje el fuego, casque los huevos y cueza a fuego lento durante 1 minuto, hasta que las claras tengan un color blanco opaco. Sáquelos del agua con una espumadera y manténgalos calientes.

**Tueste** las mitades del mollete. Coloque una mitad de mollete en cada uno de los 4 platos y ponga 2 hamburguesas de salchicha, un huevo escalfado y 1 cucharada de kétchup sobre cada mitad.

**Para preparar molletes con tomate y champiñones**, caliente 1 cucharada de aceite de oliva en una sartén de fondo grueso y sofría 250 g de champiñones cortados por la mitad y 4 tomates pera, también cortados por la mitad, a fuego moderado durante 4 o 5 minutos. Escalfe los huevos y tueste los molletes como se indica en la receta. Sírvalos con los tomates, los huevos y los champiñones calientes y un chorrito de kétchup por encima.

# yogur crujiente con miel

**6 raciones**
tiempo de preparación
   **10 minutos**
tiempo de cocción **5 minutos**

500 g de **yogur griego**
125 g de **fresas**, cortadas
   en cuartos

para la **cobertura**
50 g de **almendras laminadas**
50 g de **pipas de calabaza**
50 g de **pipas de girasol**
3 cucharadas de **semillas
   de sésamo**
50 g de **avena**
6 cucharadas de **azúcar de caña**
4 cucharadas de **miel líquida**,
   y un poco más para rociar
   (opcional)

**Mezcle** las almendras, las pipas de calabaza y de girasol, las semillas de sésamo, la avena y el azúcar en un cuenco grande. Forre una placa de horno grande con papel de hornear antiadherente y coloque los ingredientes mencionados. Mueva ligeramente la placa para distribuir los ingredientes.

**Vierta** por encima la miel, en hilos finos, coloque la placa en el grill precalentado a media potencia y cueza 3 o 4 minutos, hasta que el azúcar empiece a caramelizar y los demás ingredientes adquieran un tono marrón dorado. Retire la placa del grill; resérvela y deje que los ingredientes se enfríen y se endurezcan. Luego, póngalos en una bolsa de plástico y golpéela con un rodillo de amasar para desmenuzarlos y obtener una cobertura crujiente.

**Distribuya** el yogur en 6 cuencos con una cuchara. Añada las fresas, mézclelas con el yogur y esparza la cobertura por encima. Si lo desea, rocíe el yogur con un poco más de miel.

**Para preparar una cobertura de cereales recubiertos de yogur**, derrita 125 g de chocolate blanco en una fuente refractaria al baño María en ebullición suave. Retírelo del fuego y agréguele 2 cucharadas de yogur natural. Desmenuce 50 g de copos de maíz tostados y 2 galletas de cereales sobre una placa de horno forrada con papel de hornear y eche por encima 25 g de arroz inflado. Esparza los cereales sobre la cobertura caliente de chocolate blanco y yogur y resérvela en la nevera durante 1 hora, hasta que se solidifique. Una vez solidificada, traslade el papel a una tabla de cortar y corte en trozos grandes para crear una cobertura gruesa y crujiente.

# magdalenas integrales de plátano y chocolate

para **12 magdalenas**
tiempo de preparación
**15 minutos**
tiempo de cocción
**20-25 minutos**

150 g de **harina integral con levadura**
150 g de **harina**
1 cucharadita de **levadura en polvo**
1 cucharadita de **bicarbonato de soda**
½ cucharadita de **sal**
125 g de **azúcar de caña en polvo**
3 **plátanos** maduros grandes, triturados
1 **huevo**, batido
75 ml de **agua**
75 ml de **aceite vegetal**
75 g de **algarroba** o **chocolate negro**, cortado en trozos grandes

**Tamice** las harinas, la levadura en polvo, el bicarbonato y la sal en un cuenco grande y, después, agregue el germen de trigo que queda en el tamiz. Añada, sin dejar de remover, el azúcar de caña; luego, mezcle los plátanos, el huevo batido, el agua y el aceite vegetal en una jarra y vierta la preparación sobre los ingredientes secos. Incorpórelo cuidadosamente. Agregue el chocolate o las algarrobas y vuelva a mezclar los ingredientes.

**Forre** un molde para 12 magdalenas con moldes de papel para magdalenas y rellene cada uno de ellos con tres cuartas partes de la preparación.

**Introduzca** el molde en el horno, precalentado a 180 °C, y déjelo de 20 a 25 minutos, hasta que las magdalenas hayan subido y recuperen su forma al presionarlas. Deje que se enfríen en una rejilla de horno.

**Para preparar magdalenas integrales de vainilla y cereza**, en lugar de añadir plátanos, utilice 2 cucharaditas de extracto de vainilla y mézclelo con el huevo batido, el agua y el aceite; luego, en lugar de chocolate, incorpore a la mezcla 250 g de cerezas frescas deshuesadas y prepárelas como se indica en la receta.

# batido de desayuno

**2 raciones**
tiempo de preparación
**5 minutos**

2 **plátanos**
300 ml de **leche**
4 cucharadas de **queso fresco**
3 cucharadas de **jarabe de arce**
50 g de **copos de avena
calientes**

pa:a **servir**
**rodajas de plátano**
pastel de malta, cortado
en trozos gruesos

**Introduzca** los plátanos en un robot de cocina junto
con la leche, el queso fresco y el jarabe de arce y tritúrelos
hasta que no queden grumos. Añada los copos de avena
y accione la máquina de nuevo para que se espese. Vierta
el batido en 2 vasos grandes.

**Ponga** rodajas de plátano y trozos de pastel de malta en
2 palillos de cóctel y colóquelos sobre los vasos para servirlos.

**Para preparar batidos de crema de cacahuete**, sustituya
los plátanos por 4 cucharadas de crema de cacahuete crujiente
y, en lugar de jarabe de arce, utilice miel. Siga como se indica
en la receta y triture bien hasta que no queden grumos.

# crumble de desayuno

**8 raciones**
tiempo de preparación
**30 minutos**
tiempo de cocción
**45-50 minutos**

500 g de **manzanas** peladas,
  sin corazón y cortadas en
  trozos grandes
250 g de **peras**, peladas,
  sin corazón y cortadas
  en trozos grandes
el jugo y la ralladura de 1 **naranja**
4 cucharadas de **miel líquida**
½ cucharadita de **jengibre**
  **molido**
175 g de **fresas**, sin tallo
  y cortadas en cuartos

para el *crumble*
50 g de **harina**
3 cucharadas de **linaza molida**
50 g de **mantequilla**, en dados
50 g de **copos de avena**
50 g de **semillas variadas**
  (tales como semillas
  de calabaza, girasol,
  sésamo y cáñamo)
75 g de **azúcar moreno**

**Ponga** las manzanas y las peras en una cacerola de fondo grueso de tamaño mediano junto con la ralladura y el jugo de la naranja, la miel y el jengibre. Lleve a ebullición suave, removiendo de vez en cuando; después, tape la olla y cueza a fuego lento durante 10 minutos, hasta que la mezcla se haya ablandado y esté ligeramente grumosa. Añada las fresas y cueza 2 o 3 minutos más, hasta que se hayan ablandado pero todavía conserven la forma. Retire la sartén del fuego; ponga la preparación en una fuente refractaria para gratinar y resérvela mientras prepara el *crumble*.

**Ponga** la harina en un cuenco y mézclela con la linaza. Agregue la mantequilla y vaya frotándola con las yemas de los dedos hasta que la mezcla se parezca a unas migas de pan gruesas. Agregue los copos de avena y siga amasando la mantequilla, utilizando las yemas de los dedos para repartirla bien. Incorpore, mientras remueve, las semillas y el azúcar y esparza la mezcla por encima de la fruta.

**Cocine** en el horno, precalentado a 200 °C, de 30 a 35 minutos, hasta que la mezcla se haya dorado y sírvalo caliente.

**Para preparar** *crumble* **ámbar**, en lugar de manzanas, peras y fresas, utilice 4 melocotones y 6 albaricoques maduros, cortados en trozos grandes, y 4 naranjas en gajos y mézclelos con 4 cucharadas de miel líquida y 1 cucharadita de canela en polvo. Ponga la fruta en la fuente para gratinar; esparza por encima la preparación del *crumble* y siga como se indica en la receta.

# champiñones gratinados

**4 raciones**
tiempo de preparación
**10 minutos**
tiempo de cocción **9-12 minutos**

2 cucharadas de **aceite de oliva**
4 **champiñones** grandes
y planos
4 **tomates** frescos pequeños,
cortados en trozos grandes
1 cucharada de **concentrado
de tomate**
4 cucharadas de **alubias
blancas** de lata, escurridas
y lavadas
1 cucharada de **miel líquida**
1 cucharada de **perejil** picado
50 g de **queso gruyer** o **edam**,
cortado en lonchas finas
1 cucharada de **parmesano**
recién rallado
4 rebanadas de **pan integral**
tostado, para servir

**Caliente** el aceite en una sartén grande de fondo grueso y
sofría los champiñones a fuego moderado durante 2 o 3 minutos,
hasta que se ablanden, y deles la vuelta una vez durante la
cocción. Coloque los champiñones, con el pie hacia arriba,
en una rejilla de grill forrada con papel de aluminio.

**Añada** los tomates a los jugos de la sartén y cueza, removiendo
de vez en cuando, durante 4 o 5 minutos, hasta que los
tomates espesen y estén grumosos. Agregue el concentrado
de tomate, las alubias y la miel y cueza 1 minuto más.
Retire del fuego y agregue, sin dejar de remover, el perejil.

**Reparta** la mezcla entre los champiñones y cúbralos con
las lonchas de gruyer o edam. Espolvoréelos con el parmesano
y colóquelos bajo el grill precalentado de 2 a 3 minutos, hasta
que se doren y burbujeen. Sirva los champiñones con tostadas
calientes de pan integral con mantequilla.

### Para preparar champiñones gratinados coronados
**con huevo**, prepárelos como se indica en la receta y,
cuando esté a punto de finalizar, escalfe 4 huevos durante
1 o 2 minutos en una sartén con agua hirviendo hasta la
mitad de su capacidad, junto con 1 cucharadita de vinagre;
sáquelos del agua con una espumadera y colóquelos sobre
los champiñones.

# almuerzos
# acertados

# revuelto semáforo

**4 raciones**
tiempo de preparación
**10 minutos**
tiempo de cocción **10 minutos**

3 cucharadas de **aceite de oliva**
1 **cebolla** pequeña, picada fina
½ **pimiento verde**, sin semillas
  ni corazón y cortado en trozos
  grandes
½ **pimiento rojo**, sin semillas
  ni corazón y cortado en trozos
  grandes
½ **pimiento amarillo** sin semillas
  ni corazón y cortado en trozos
  grandes
1 diente de **ajo**, majado
3 cucharadas de **agua**
6 **huevos**, batidos
100 ml de **crema de leche
  ligera**
4 rebanadas gruesas
  de **pan integral**, para servir

**Caliente** el aceite en una sartén grande antiadherente
y sofría la cebolla y los pimientos a fuego moderado durante
4 o 5 minutos, hasta que se ablanden. Añada el ajo y sofría
1 minuto más; después, vierta el agua. Tape la sartén y deje
cocer a fuego lento 2 minutos.

**Bata** los huevos junto con la crema de leche en una jarra,
destape la sartén, añada los huevos y cuézalos a fuego
lento con una cuchara de madera hasta que estén hechos
y cremosos.

**Mientras tanto**, tueste ligeramente las rebanadas de pan;
esparza los huevos por encima de las tostadas calientes y sirva.

### Para preparar huevos revueltos con queso y berros,
bata los huevos junto con la crema de leche y 50 g de queso
cheddar rallado en una jarra. Caliente 15 g de mantequilla
en una sartén grande antiadherente y añada la mezcla de
huevo. Cocine a fuego lento, sin dejar de remover con una
cuchara de madera, hasta que los huevos estén hechos
y cremosos. Sírvalos sobre tostadas calientes de pan integral
con berros frescos por encima.

# panes pita con *hummus*

**6 raciones**
tiempo de preparación
**15 minutos**
tiempo de cocción **3 minutos**

400 g de **garbanzos** envasados, escurridos
3 cucharadas de *tahini*
el jugo y la ralladura de ½ **limón**
1 cucharada de **aceite de oliva**
3 cucharadas de **cebollino**, picado (opcional)
4 cucharadas de **agua**
2 **zanahorias** de tamaño mediano, ralladas
½ **pepino**, picado
1 manojo de **berros** frescos
4 **panes de pita** (blancos o integrales)

**Introduzca** los garbanzos en un robot de cocina junto con el *tahini* y tritúrelos hasta que espesen. Añada la cáscara y el jugo de limón, el aceite de oliva, el cebollino y el agua y tritúrelos hasta obtener una textura cremosa y sin grumos.

**Mezcle** las zanahorias, el pepino y los berros en un cuenco.

**Tueste** ligeramente los panes pita en una tostadora durante 1 minuto, hasta que estén calientes y hayan aumentado ligeramente de tamaño. Corte los panes por la mitad y, mientras aún estén calientes, rellénelos con *hummus* y ensalada. Sírvalos inmediatamente.

**Para preparar panes pita con *hummus* de remolacha**, ponga 175 g de remolacha cocida y escurrida (no en vinagre) en un robot de cocina junto con 2 cucharadas de *tahini*, el jugo de ½ limón y 1 cucharadita de salsa de rábano picante. Tritúrelo todo hasta que quede cremoso y sin grumos. Utilice esta pasta para rellenar los panes de pita, como se indica en la receta, junto con ensalada.

# cuscús enjoyado

**2-3 raciones**
tiempo de preparación
**20 minutos**
tiempo de cocción **2 minutos**

150 g de **cuscús**
200 ml de **caldo vegetal**
caliente
50 g de **judías verdes**, cortadas
en trozos de 1 cm de largo
1 **naranja** pequeña
2 cucharadas de **aceite de oliva**
1 cucharada de **miel líquida**
1 **granada**
½ **piña** pequeña, cortada
en trozos pequeños
1 **pimiento rojo** pequeño, sin
semillas ni corazón y cortado
en dados muy pequeños

**Ponga** el cuscús en una fuente refractaria y agregue
el caldo. Tápelo y déjelo reposar 20 minutos.

**Mientras tanto**, lleve a ebullición agua en una cacerola
pequeña; agregue las judías, cuézalas 2 minutos, escúrralas
con un colador y páselas por agua fría.

**Ralle** muy fina la mitad de la corteza de la naranja y mézclela
en un cuenco pequeño con 3 cucharadas de jugo de naranja,
el aceite de oliva y la miel y bata ligeramente con un tenedor.

**Corte** la granada por la mitad. Desmenúcela con las manos
y saque cuidadosamente los granos. Sepárelos y deseche las
partes blancas de la fruta, que son amargas. Añada los granos
de granada, las judías, la piña y el pimiento rojo al cuscús junto
con el aliño de naranja y miel. Mézclelo todo bien y guarde
el cuscús en la nevera hasta que vaya a servirlo.

**Para preparar cuscús con pollo, guisantes y menta**, prepare
el cuscús como se indica en la receta y déjelo reposar. Sustituya
todas las verduras de la receta por 175 g de pollo cocido,
125 g de guisantes cocidos y 3 cucharadas de menta fresca
picada. Agregue la ralladura y el jugo de ½ limón a un bote
de *crème fraîche* de 200 ml; mézclelos y vierta la preparación
por encima del cuscús con una cuchara.

# salsa roja con queso acompañada de bastones

**4 raciones**

tiempo de preparación
**45 minutos**, más tiempo
de reposo
tiempo de cocción
**30-40 minutos**

500 g de **harina**
½ cucharadita de **sal**
1 cucharada de **azúcar**
5 g de **levadura seca**
300 ml de **agua tibia**
6 cucharadas de **aceite de oliva**
2 cucharadas de **semillas
de sésamo**
1 cucharada de **semillas
de amapola**

para la **salsa**
2 **pimientos rojos**,
sin semillas ni corazón
y cortados en cuartos
2 **tomates**
1 cucharada de **aceite de oliva**
1 cucharada de **vinagre
balsámico**
200 g de **queso fresco**
1 cucharada de **tomillo** picado
(opcional)

**Tamice** la harina junto con la sal en un cuenco grande y añada el azúcar y la levadura. Vierta agua tibia y 3 cucharadas del aceite de oliva. Mézclelos hasta obtener una masa sin grumos y después, pásela a una superficie bien enharinada y trabájela durante 10 minutos. Cúbrala y déjela reposar 15 minutos antes de volver a trabajarla otros 10 minutos. Póngala en el cuenco, cúbrala con film transparente y deje que repose 30 minutos.

**Vuelva** a trabajar la masa para eliminar el aire; córtela en 4 trozos y cada uno en otros 4 trozos, y estire con un rodillo cada trozo hasta conseguir una forma alargada de bastón. Pinte una placa de horno con el resto del aceite de oliva, pase los bastones por el aceite y esparza las semillas de sésamo por encima de la mitad de los bastones y las semillas de amapola sobre la otra mitad. Introdúzcalos en el horno, precalentado a 180 °C, y déjelos durante 30 minutos hasta que estén dorados. Retírelos del horno y deje que se enfríen.

**Mientras tanto**, coloque los pimientos y los tomates en una placa de horno y rocíelos con el aceite de oliva. Áselos en el horno durante 30 minutos junto con los bastones. Retírelos del horno y métalos en una bolsa de plástico para dejar que se enfríen. Sáquelos, quíteles la piel y deséchela. Introdúzcalos en un robot de cocina con los jugos de la cocción, el vinagre, el queso y el tomillo y tritúrelos. Ponga la salsa en un cuenco y sírvala con los bastones.

**Para preparar una salsa cremosa de aguacate**, ponga 1 aguacate grande cortado en cuatro trozos en un robot de cocina junto con la ralladura y el jugo de 1 lima, 100 g de queso fresco y 2 cucharadas de salsa de guindilla dulce y tritúrelos. Sirva la salsa acompañada de los bastones.

# *bagels* con ternera y espárragos

**2 raciones**
tiempo de preparación
**5 minutos**
tiempo de cocción **2 minutos**

4 **espárragos**, cada uno
  cortado en tres trozos
40 g de **berros**
1 cucharada de **mayonesa** *light*
1 cucharadita de **mostaza**
  **de Dijon** (opcional)
2 *bagels* **multicereales**
100 g de **ternera asada**,
  cortada en lonchas muy finas

**Lleve** a ebullición agua con un poco de sal en una cacerola. Blanquee los espárragos, si son frescos (los espárragos en conserva no se han de cocinar), durante unos 30 segundos y luego escúrralos bien y resérvelos.

**Retíreles** los tallos más largos a los berros y píquelos. Ponga la mayonesa y la mostaza, si va a utilizarlas, en un cuenco y añada, mientras remueve, los berros.

**Corte** los *bagels* por la mitad y tuéstelos bajo el grill precalentado. Unte cada mitad con la mayonesa sazonada, coloque la ternera y los espárragos y cúbralos bien. Los *bagels* se podrán conservar en la nevera entre 1 y 2 días.

**Para preparar *bagels* con salmón ahumado y espárragos**, sustituya la ternera asada por 125 g de salmón ahumado, y los berros (utilizados en la receta para sazonar la mayonesa), por 1 cucharadita de ralladura limón. Tueste los *bagels* como se indica en la receta y rellénelos con el salmón ahumado, la mayonesa con limón y los espárragos.

# sopa de alubias, coco y espinacas

**4 raciones**
tiempo de preparación
  **5 minutos**
tiempo de cocción **20 minutos**
  aproximadamente

1 cucharada de **aceite de oliva**
1 **cebolla**, picada
2 **dientes de ajo** grandes,
  majados
1 cucharadita de **cilantro**
  en polvo
2 latas de 400 g de **alubias
  variadas**, escurridas
400 ml de **leche de coco** de lata
150 ml de **caldo vegetal**
250 g de **espinacas** frescas

**Caliente** el aceite en una cacerola grande de fondo grueso y sofría la cebolla y el ajo a fuego moderado durante 3 o 4 minutos, hasta que se ablanden. Añada el cilantro y las alubias y sofría 1 minuto más. Luego, agregue la leche de coco y el caldo. Lleve a ebullición, baje el fuego, tape la cacerola y cueza a fuego lento durante 10 minutos.

**Incorpore** las espinacas a la cacerola, remueva bien y deje cocer 5 minutos.

**Bata** los ingredientes en dos tandas en un robot de cocina hasta que no queden grumos y, después, con un cucharón, vierta la sopa en cuencos calientes y sírvala inmediatamente.

**Para preparar sopa de lentejas rojas y beicon**, caliente 1 cucharada de aceite de oliva y sofría 1 cebolla picada, 100 g de panceta cortada en trozos gruesos, 2 zanahorias grandes, cortadas en trozos grandes, y 1 diente de ajo majado, durante 3 o 4 minutos. Agregue 250 g de lentejas rojas, ½ cucharadita de nuez moscada en polvo y 900 ml de caldo de pollo y lleve a ebullición. Baje el fuego, tape la cacerola y deje cocer a fuego lento durante 40 minutos, hasta que las lentejas estén hechas y blandas. Bata los ingredientes en dos tandas en un robot de cocina hasta que no queden grumos.

# cuñas de patata doradas con crema agria

**6 raciones**
tiempo de preparación
**20 minutos**
tiempo de cocción
**30-35 minutos**

3 **boniatos**, con piel
2 **patatas** grandes con piel
3 cucharadas de **aceite de oliva**
1 cucharadita de **especias cajún**
2 cucharadas de **perejil picado**

para la **salsa**
150 ml de **yogur griego**
4 cucharadas de **crema agria**
4 cucharadas de **cebollino** picado
2 cucharadas de **parmesano** recién rallado

**Corte** los boniatos por la mitad y cada una en 4 cuñas; colóquelas en un cuenco grande. Corte las patatas de cocer y corte cada una en 6 cuñas gruesas e introdúzcalas en el cuenco. Rocíe los gajos con aceite de oliva y mézclelos bien para que se impregnen.

**Ponga** las patatas en una placa de horno grande o una bandeja de horno y colóquelas en una sola capa. Espolvoréelas con las especias cajún y áselas en el horno, precalentado a 200 °C, durante 30-35 minutos, hasta que estén cocidas y doradas. Póngalas en un plato de servir y esparza el perejil.

**Mezcle** el yogur, la crema agria, el cebollino y el parmesano en un cuenco pequeño. Sirva las cuñas de patata calientes acompañadas de la salsa.

**Para preparar salsa cremosa de pepino y ajo**, como alternativa de acompañamiento, en lugar de cebollino y parmesano, utilice ¼ de pepino rallado y 1 diente de ajo majado. Añada y mezcle bien 2 cucharadas de menta recién picada. Sirva la salsa como acompañamiento de las cuñas de patata calientes.

# sándwiches de jamón y queso con pan con tomate y ajo

**2 raciones**
tiempo de preparación
  **10 minutos**

1 **diente de ajo**, cortado
  por la mitad
4 rebanadas de **pan payés**
2 **tomates**, uno cortado por la
  mitad y otro en rodajas finas
150 g de **jamón dulce**
  en lonchas finas
75 g de **queso manchego**,
  en lonchas

**Frote** las mitades de ajo por el pan, sobre todo por la corteza. Repita la operación con las mitades de tomate.

**Rellene** las rebanadas de pan con el jamón, el queso y las rodajas de tomate. Corte las rebanadas por la mitad y asegúrese de que los ingredientes no se salgan. Los sándwiches se podrán conservar en la nevera 1 día.

**Para preparar sándwiches de salami y mozzarella con pan con tomate y ajo**, aromatice las rebanadas de pan con el ajo y el tomate como se indica en la receta y rellénelas con 150 g de salami en lonchas finas y 75 g de mozzarella. Añada 1 tomate en rodajas. Coloque los sándwiches sobre una placa de horno y caliéntelos en el horno, precalentado a 200 °C, durante 10 minutos y sírvalos calientes y cortados en triángulos.

# tortillas de harina con pollo

**4 raciones**
tiempo de preparación
**15 minutos**
tiempo de cocción **5 minutos**

2 cucharadas de **aceite de oliva**
2 **pechugas de pollo** sin hueso
  ni piel, de unos 150 g cada
  una, cortadas en tiras finas
3 cucharadas de **miel líquida**
1 cucharadita de **mostaza**
  **a la antigua**
4 **tortillas de harina**

para la **ensalada de col**
¼ de **col blanca** pequeña,
  cortada en tiras finas
1 **zanahoria** grande, rallada
3 cucharadas de **aceite de oliva**
2 cucharadas de **vinagre**
  **de vino tinto**
1 cucharadita de **mostaza**
  **de Dijon**
2 cucharadas de **perejil** picado

**Prepare** la ensalada de col. Ponga la col blanca en un cuenco grande junto con la zanahoria y mézclelas bien. En una jarra pequeña, bata el aceite con el vinagre y la mostaza. Vierta el aliño sobre la col y la zanahoria y remueva bien para que queden impregnadas. Agregue el perejil, vuelva a mezclar y reserve.

**Caliente** el aceite en una sartén grande antiadherente y fría las tiras de pollo a fuego fuerte durante 4 o 5 minutos, hasta que estén hechas y doradas. Retírelas del fuego; añada la miel y la mostaza y mézclelo todo bien para que se impregnen las tiras de pollo.

**Caliente** las tortillas en el microondas (o en el horno caliente) 10 segundos a máxima potencia y coloque la ensalada de col y después las tiras de pollo por encima. Enrolle las tortillas de forma que queden bien apretadas y córtelas por la mitad para servirlas.

**Para preparar tortillas de harina con jamón asado glaseado con jarabe de arce**, en lugar de con pollo, utilice 3 lonchas de jamón asado de 175 g cada una y córtelas en tiras. Caliente el aceite y fría las lonchas a fuego fuerte hasta que estén hechas y doradas. Retírelas del fuego y mézclelas con 3 cucharadas de jarabe de arce (en vez de con miel) y la mostaza. Para preparar las tortillas, siga la receta.

# espárragos en sus mantas

**4 raciones**
tiempo de preparación
**10 minutos**
tiempo de cocción **15 minutos**

2 manojos de **espárragos
gruesos**, cortados para
que tengan unos 15 cm
de largo
1 cucharada de **aceite de oliva**
25 g de **mantequilla**, ablandada
16 lonchas de **jamón serrano**
4 cucharadas de **parmesano**
recién rallado

**Lleve** a ebullición agua en una cacerola grande y cueza los
espárragos durante 5 minutos en el agua hirviendo. Luego,
retire los espárragos del agua con una espumadera; colóquelos
en un cuenco y mézclelos con el aceite de oliva.

**Unte** con mantequilla una fuente para gratinar; envuelva
los espárragos en las lonchas de jamón y colóquelos en la
fuente, uno al lado del otro. Espolvoréelos con el parmesano
y cuézalos en el horno, precalentado a 200 °C, durante
10 minutos, hasta que el queso se funda y se dore.

**Sirva** los espárragos en sus mantas acompañados de trozos
de pan fresco caliente y kétchup casero (*véanse* págs. 26-27).

**Para preparar espárragos estilo pizza con queso**,
sustituya el jamón por lonchas finas de jamón asado
con miel y coloque en la fuente para gratinar los espárragos
envueltos. Esparza 50 g de aceitunas negras troceadas
y 100 g de mozzarella rallada (en lugar de parmesano), y
siga la receta. Sirva los espárragos estilo pizza con pan
de ajo.

# festín de alubias

**4 raciones**
tiempo de preparación
  **10 minutos**
tiempo de cocción, **15 minutos**
  aproximadamente

200 g de **tomates**
1 cucharada de **aceite vegetal**
½ **cebolla** pequeña, picada fina
1 **tallo de apio**, cortado
  en trozos pequeños
2 latas de 300 g de **alubias
  blancas**, escurridas y lavadas
2 cucharaditas de **mostaza
  a la antigua**
2 cucharadas de **melaza**
3 cucharadas de **kétchup**
1 cucharada de **salsa
  Worcestershire**
4 **tostadas** o 4 **patatas asadas**,
  para servir

**Coloque** los tomates en una fuente refractaria y cúbralos con agua hirviendo. Déjelos reposar 1 o 2 minutos, hasta que las pieles empiecen a agrietarse. Deseche el agua caliente y retire la piel de los tomates. Córtelos en trozos grandes en una tabla de cortar.

**Caliente** el aceite en una cacerola de fondo grueso de tamaño mediano durante 1 minuto. Agregue la cebolla y el apio y fría a fuego suave 5 minutos, removiendo hasta que empiecen a dorarse.

**Añada** las alubias, los tomates, la mostaza, la melaza, el kétchup y la salsa Worcestershire y mezcle. Cocine hasta que el líquido empiece a burbujear por los bordes. Baje el fuego al mínimo y tape la cacerola. Siga cociendo a fuego suave durante 10 minutos, hasta que los tomates se hayan ablandado y adquieran la consistencia de una salsa.

**Sirva** con tostadas o sobre patatas asadas.

**Para preparar un festín de lentejas y *paneer***, sustituya las alubias en lata por 400 g de lentejas verdes de Puy también en lata, escurridas y lavadas, y añádalas a la cacerola con los tomates. Cocine durante 10 minutos y agregue 250 g de queso *paneer* (queso fresco hindú) en dados en los 2 o 3 últimos minutos.

# tortillas de harina con pavo al estilo chino

**2 raciones**
tiempo de preparación
**10 minutos**
tiempo de cocción **1-2 minutos**

½ cucharadita de **aceite vegetal**
100 g de **pechuga de pavo**,
en filetes finos
1 cucharada de **miel líquida**
2 cucharadas de **salsa de soja**
1 cucharada de **aceite
de sésamo**
2 **tortillas de harina**
50 g de **brotes de soja**
¼ de **pimiento rojo** sin semillas
ni corazón y cortado en rodajas
finas
¼ de **cebolla**, cortada
en rodajas finas
25 g de **tirabeques**, cortados
en rodajas
2 **mazorcas de maíz mini**,
cortadas en rodajas finas

**Caliente** el aceite a fuego moderado en una sartén e incorpore el pavo. Remuévalo durante 1 o 2 minutos, hasta que esté cocido. Baje el fuego y añada, sin parar de remover, la miel, la salsa de soja y el aceite de sésamo, asegurándose de que el pavo quede bien impregnado de la mezcla. Déjelo reposar para que se enfríe.

**Haga** un rollito de tortilla colocando la mitad de la preparación de pavo en el centro de la misma. Y luego agregue los brotes de soja, el pimiento, la cebolla, los tirabeques y las mazorcas de maíz mini. Repita la operación con la otra tortilla (o también puede reservarla junto con su relleno y utilizarla otro día; podrá conservarla en la nevera 24 horas).

**Enrolle** bien la tortilla y envuélvala en papel de horno antiadherente (si utiliza film transparente, puede que la tortilla se humedezca y se ablande).

**Para preparar tortillas de harina rellenas de cerdo y *pak choi* (col china)**, sustituya el pavo por 125 g de lomo de cerdo en tiras mezclado con ½ cucharadita de cinco especias chinas y cocínelo como se indica en la receta, durante 3 o 4 minutos. Agregue 1 cogollo pequeño de *pak choi*, cortado en tiras, junto con la miel, la salsa de soja y el aceite de sésamo y deje que los ingredientes se cocinen 2 minutos más. Haga los rollitos de tortilla como se indica en la receta, con 125 g de brotes de soja, y prescinda de la cebolla, los tirabeques y el maíz.

# panecillos calientes con semillas

para **12 panecillos**
tiempo de preparación
  **1 hora y 40 minutos**, incluido
  el tiempo de reposo
tiempo de cocción
  **15-20 minutos**

5 g de **levadura seca**
300 ml de **agua tibia**
  (no caliente)
500 g de **harina de fuerza**, y
  un poco más para espolvorear
1 cucharadita de **sal**, y una pizca
  adicional
25 g de **mantequilla**, cortada
  en dados, y un poco más
  para engrasar
4 cucharadas de **pipas
  de girasol**
2 cucharadas de **semillas
  de amapola**
2 cucharadas de **pipas
  de calabaza**
1 **yema de huevo**
1 cucharada de **agua**

**Mezcle** el agua tibia con la levadura y déjela reposar
10 minutos. Tamice la harina junto con la sal en un cuenco
grande y añada la mantequilla. Amase con las yemas de
los dedos hasta que la mezcla se parezca a unas migas
de pan finas. Agregue las semillas y remueva la preparación.
Abra un hueco en el centro y añada la mezcla de levadura.
Remueva bien los ingredientes con una cuchara de madera
y después con las manos hasta obtener una masa firme.

**Trabaje** la masa durante 5 minutos con un rodillo hasta que
quede firme y elástica y no esté pegajosa. Póngala de nuevo
en el cuenco y tápelo con film transparente y resérvelo en
un lugar templado durante 30 minutos.

**Estire** la masa y vuelva a pasar el rodillo para que no quede
aire en el interior; después, divídala en 12 porciones. Estire
un poco cada una de ellas y luego, forme panecillos redondos
o enróllelas para darles forma de salchicha alargada y hágales
un nudo flojo. Coloque los panecillos en una placa de horno
ligeramente untada con mantequilla; tápelos con un paño de
cocina y resérvelos en un lugar templado durante 30 minutos.

**Mezcle** la yema de huevo con una pizca de sal y el agua
y pinte los panecillos para darles brillo. Introdúzcalos
en el horno, precalentado a 200 °C, de 15 a 20 minutos.
Retírelos del horno y deje que se enfríen un poco. Sírvalos
calientes acompañados de sopa.

**Para preparar panecillos de cebolla y queso**, sustituya
las semillas por 5 cebolletas, cortadas muy finas y salteadas
1 minuto en 1 cucharada de aceite de oliva. Una vez que
tengan brillo, espolvoréelos con 3 cucharadas de parmesano
recién rallado.

# cuscús con verduras asadas

**6 raciones**
tiempo de preparación
**15 minutos**, más tiempo
de remojo
tiempo de cocción
**30-35 minutos**

175 g de **cuscús**
1 **pastilla de caldo de pollo**
450 ml de **agua caliente**
2 **calabacines**, cortados
en trozos
1 **pimiento rojo** sin semillas
ni corazón y cortado en trozos
1 **pimiento amarillo** sin semillas
ni corazón y cortado en trozos
375 g de **calabaza violín**,
pelada, sin semillas y cortada
en trozos
1 **cebolla roja**, picada
5 cucharadas de **aceite de oliva**
3 cucharadas de **perejil**
o **albahaca** picados
5 cucharadas de **piñones**,
tostados

**Ponga** el cuscús en un cuenco, desmenuce la pastilla de caldo, añádala al cuenco y remueva bien. Sin dejar de remover, agregue el agua; tape el cuenco y, mientras prepara y cocina las verduras, déjelo reposar para que el cuscús se hinche.

**Coloque** todas las verduras ya preparadas en una bandeja de horno grande; rocíelas con 3 cucharadas de aceite de oliva y mézclelas un poco para que se impregnen ligeramente. Hornéelas en el horno, precalentado a 200 °C, de 30 a 35 minutos, hasta que estén blandas y ligeramente ennegrecidas.

**Remueva** un poco el cuscús con el tenedor para esponjarlo; rocíelo con el resto del aceite y mézclelo bien. Agregue las verduras calientes, el perejil (o la albahaca) y los piñones y mezcle bien todos los ingredientes antes de servirlo.

**Para preparar quinoa con verduras asadas y anacardos tostados**, en lugar de cuscús utilice quinoa. Emplee un colador para lavar 175 g de quinoa y luego escúrrala. Póngala en una sartén grande antiadherente de fondo grueso y tuéstela ligeramente a fuego moderado durante 2 o 3 minutos, hasta que adquiera un tono más oscuro. Añada 450 ml de agua y 1 pastilla de caldo de pollo y cueza a fuego moderado de 8 a 10 minutos, hasta que esté tierna y cocida. Escúrrala y resérvela. Incorpore las verduras asadas y el perejil como se indica en la receta y, en vez de piñones, use 100 g de anacardos tostados, cortados gruesos.

# tortillas de harina pekinesas

**2 raciones**
tiempo de preparación
   **10 minutos**
tiempo de cocción **10 minutos**
   aproximadamente

1 **pechuga de pato**, de unos
   175 g, con piel y cortada
   en filetes muy finos
½ cucharadita de **cinco**
   **especias chinas**
1 cucharadita de **aceite vegetal**
2 **tortillas de harina** grandes
2 cucharadas de **salsa** *hoisin*
2 **hojas de lechuga iceberg**,
   cortadas en tiras finas
1 trozo de **pepino** de 5 cm,
   cortado en bastones
   del tamaño de una cerilla
2 **cebolletas**, cortadas en
   diagonal en rodajas finas

**Ponga** los filetes de pato en un plato y espolvoréelos con las cinco especias chinas hasta que estén bien impregnados. Caliente el aceite en una sartén pequeña durante 1 minuto; añada los filetes y sofríalos 5 minutos a fuego suave, dándoles la vuelta con una espumadera. Coloque los filetes en un plato y deje que se enfríen mientras prepara el relleno.

**Caliente** las tortillas de una en una en el microondas a máxima potencia durante 8 segundos. O también puede calentarlas bajo el grill caliente o en una sartén durante unos 10 segundos.

**Vierta** la salsa *hoisin* por una cara de cada tortilla y agregue en el centro de éstas, a modo de línea, las tiras de lechuga y luego el pepino, las cebolletas y los filetes de pato, asegurándose de que los ingredientes no toquen los extremos.

**Doble** los extremos de la tortilla sobre el relleno y luego enróllelas firmemente para que no se salgan los ingredientes. Corte los rollitos de tortilla por la mitad; envuélvalos en papel antiadherente de horno y resérvelos en la nevera hasta que vaya a servirlos.

**Para preparar tortillas de harina crujientes con cordero y lechuga**, mezcle 175 g de filetes de cordero cortados en tiras con las cinco especias chinas y siga como se indica en la receta. Utilice lechuga, cebolletas y pepino cortados en tiras, además de tiras finas de zanahoria.

# *panini* de atún

**2 raciones**
tiempo de preparación
**10 minutos**
tiempo de cocción
**11-13 minutos**

200 g de **atún** en lata (en aceite
o salmuera), escurrido
75 g de **maíz** congelado
3 cucharadas de **mayonesa**
2 **panes para** *panini*, cortados
por la mitad en horizontal
75 g de **queso gruyer
o emmental**, cortado
en lonchas finas

**Desmenuce** el atún en un cuenco. Ponga el maíz en una cacerola pequeña y cúbralo con agua hirviendo. Deje que cueza durante 3 minutos y escúrralo con un colador. Pase el maíz por el grifo y agréguelo al atún. Incorpore la mayonesa, sin dejar de remover, hasta que esté bien mezclada.

**Esparza** la preparación de atún por las bases de pan y coloque el queso sobre el atún. Presione el pan firmemente hacia abajo.

**Caliente** una sartén de fondo grueso o una plancha durante 2 minutos. Añada los panes y cuézalos a fuego suave de 3 a 4 minutos por cada lado, dándoles la vuelta cuidadosamente con una espumadera o unas pinzas. Envuelva los *panini* de atún en papel de horno antiadherente y resérvelos en la nevera hasta que vaya a servirlos.

**Para preparar** *panini* **calientes con queso** *halloumi*
**y verduras**, caliente 1 cucharada de aceite de oliva en una sartén y sofría 1 calabacín pequeño y 1 pimiento rojo, ambos cortados en rodajas finas, durante 3-4 minutos, hasta que se ablanden. Rellene los panes para *panini* con las verduras y coloque encima 125 g de queso *halloumi* cortado en lonchas finas. Siga como se indica en la receta y sírvalos en platos.

# boniatos asados con gambas

**4 raciones**
tiempo de preparación
  **10 minutos**
tiempo de cocción
  **25-30 minutos**

1 cucharada de **aceite de oliva**
4 **boniatos** grandes, con piel,
  lavados y secados suavemente
  (sin frotar)
250 g de **gambas** medianas,
  previamente descongeladas
  si son congeladas
1 **aguacate** maduro, cortado
  en trozos pequeños
2 cucharadas de **mayonesa**
2 cucharadas de **leche** o **agua**
3 cucharadas de *crème fraîche*
1 cucharada de **concentrado
  de tomate**

para **servir**
**pimentón en polvo**
**brotes de alfalfa** (u otras
  semillas germinadas)

**Rocíe** los boniatos con un poco de aceite de oliva por toda
la piel. Póngalos en una placa de horno y áselos en el horno,
precalentado a 200 °C, de 25 a 30 minutos, hasta que
estén tiernos y cocidos.

**Mientras tanto**, ponga las gambas y el aguacate en un
cuenco y mézclelos. Después, mezcle la mayonesa con
la leche (o el agua) hasta obtener una mezcla sin grumos;
añada la *crème fraîche* y el concentrado de tomate y bátalos
bien. Agregue las gambas y el aguacate y mézclelos para
que se impregnen un poco.

**Saque** los boniatos del horno. Córtelos por la mitad
y rellénelos con la preparación de gambas. Sírvalos
con una pizca de pimentón y unos brotes de alfalfa.

**Para preparar boniatos asados con champiñones
cremosos**, ase los boniatos como se indica en la receta.
Caliente 1 cucharada de aceite de oliva en una sartén de
fondo grueso y sofría a fuego fuerte 250 g de champiñones
cortados en cuartos durante 3 o 4 minutos, hasta que se
ablanden y se doren. Retírelos del fuego; añada 200 ml
de *crème fraîche* y 1 cucharadita de mostaza de Dijon
y remuévalos hasta que se calienten. Agregue cucharadas
de champiñones cremosos a los boniatos.

# tortillas de harina picantes con chorizo

**2 raciones**
tiempo de preparación
**15 minutos**
tiempo de cocción **5-7 minutos**

4 **huevos**
½ cucharadita de **guindilla
suave en polvo**
50 g de **chorizo** en rodajas
y cortado en tiras finas
2 cucharadas de **aceite de oliva**
1 cajita de **brotes de mostaza
y berro**
2 **tortillas de harina** grandes
2 cucharadas de **pesto rojo**

**Casque** los huevos en un cuenco y añada la guindilla en polvo. Bátalos bien y agregue el chorizo. Caliente el aceite de oliva en una sartén pequeña durante 1 minuto y agregue el huevo batido. Cuando el huevo empiece a cuajar por los bordes, con un tenedor desplace las partes cocidas hacia el centro de la sartén para trasladar las crudas del centro hacia los bordes. Siga repitiendo esta operación hasta que ya no queden partes líquidas; deje cocer hasta que cuaje (de 3 a 5 minutos). Ponga la tortilla francesa en un plato y deje que se enfríe.

**Corte** en la propia cajita los brotes de mostaza y berro y póngalos en un colador. Páselos por el grifo y déjelos escurrir.

**Caliente** las tortillas en el microondas a máxima potencia durante 10 segundos. También puede calentarlas bajo el grill caliente o en una sartén durante unos 10 segundos (limpie antes la sartén con papel de cocina con cuidado, porque puede que aún esté caliente).

**Unte** un lado de cada tortilla de harina con el pesto y coloque encima la tortilla francesa. Agregue los brotes de mostaza y berro y enrolle las tortillas de forma que queden bien apretadas y el relleno quede encerrado. Corte los rollitos de tortilla por la mitad, envuélvalos en papel antiadherente de horno y déjelos enfriar en la nevera antes de servirlos.

**Para preparar tortillas de harina con pesto y pollo**, sustituya el chorizo por 75 g de pollo cocido y cortado en trozos y 50 g de aceitunas negras cortadas en rodajas. Unte las tortillas con 1 cucharada de pesto verde y coloque encima la tortilla francesa. Prescinda de los brotes de mostaza y berro, enróllelas y sírvalas calientes.

# cenas fabulosas

# pasta con salsa verde y queso

**4 raciones**
tiempo de preparación
   **10 minutos**
tiempo de cocción **10 minutos**

250 g de **pasta corta**
300 g de **espinacas** frescas
1 cucharadita de **nuez moscada molida**
50 g de **mantequilla**
50 g de **harina**
600 ml de **leche**
100 g de **queso cheddar**, rallado

**Cueza** la pasta de 8 a 10 minutos, o según las instrucciones del paquete, hasta que esté al dente. Escúrrala y resérvela.

**Mientras tanto**, cueza las espinacas en una cacerola con agua hirviendo, sin dejar de remover, a fuego moderado durante 2 minutos, hasta que se ablanden. Retírelas del fuego; escúrralas bien y luego vuelva a ponerlas en la cacerola; mézclelas con la nuez moscada y resérvelas.

**Derrita** la mantequilla en una cacerola de fondo grueso de tamaño mediano. Retírela del fuego, añada la harina y remuévala hasta obtener una pasta espesa. Vuelva a colocar la preparación en el fuego y deje que cueza a fuego suave unos segundos, sin parar de remover. Retírela del fuego y vaya vertiendo poco a poco la leche, removiendo bien tras cada adición. Vuelva a ponerla en el fuego y llévela a ebullición, sin dejar de remover.

**Retírela** y agregue las espinacas y el queso y tritúrelos en el robot de cocina. Incorpórelos hasta obtener una salsa suave. Ponga la salsa en el fuego e incorpore la pasta. Remueva bien para que la pasta se impregne de la salsa y luego repártala en 4 platos hondos calientes para servirla.

**Para preparar pasta con calabacines y ajo**, sustituya las espinacas por 3 calabacines grandes, recortados y rallados. Caliente 1 cucharada de aceite de oliva en una sartén antiadherente y sofría los calabacines a fuego moderado durante 4 o 5 minutos junto con 1 diente de ajo majado. Añada 3 cucharadas de cebollino picado y agréguelos a la salsa en lugar de las espinacas; tritúrelo hasta obtener una textura suave antes de mezclarlo con la pasta.

# ensalada de arroz con pollo

**4 raciones**

tiempo de preparación
**10 minutos**, más tiempo
de enfriado

tiempo de cocción, **15 minutos**
aproximadamente

4 muslitos de **pollo**,
sin piel y sin hueso
175 g de **arroz** de grano largo
2 cucharadas de **jugo de limón**
2 cucharadas de **mantequilla
de cacahuete** (opcional)
2 cucharadas de **aceite de oliva**
2 rodajas de **piña**, troceadas
1 **pimiento rojo**, sin semillas
ni corazón, picado
75 g de **guisantes dulces**,
cortados por la mitad
4 cucharadas de **cacahuetes**
(opcional)

**Introduzca** los muslitos de pollo en una vaporera y hágalos al baño María de 10 a 12 minutos, hasta que estén cocidos. También puede cocinarlos a fuego lento en una sartén con un poco de agua durante 10 minutos. Retírelos de la vaporera o de la sartén y déjelos reposar para que se enfríen.

**Mientras tanto**, cueza el arroz siguiendo las instrucciones del paquete. Escúrralo y páselo por un chorro de agua fría y, después, póngalo en un cuenco grande.

**Prepare** el aliño: mezcle el jugo de limón con la mantequilla de cacahuete, si la utiliza y, luego, bátalos junto con el aceite de oliva.

**Corte** los muslitos de pollo en pequeños dados del tamaño de un bocado y añádalos, sin dejar de remover, al arroz. Incorpore la piña, el pimiento rojo y los guisantes dulces y, si los emplea, los cacahuetes.

**Para preparar ensalada de arroz con gambas,**
prepare el aliño de cacahuete como se indica en la receta y, en lugar de pollo, utilice 150 g de gambas mezcladas con 2 cucharadas de semillas de sésamo tostadas. Corte ¼ de pepino en palitos finos y mézclelos con el arroz, el aliño de cacahuete, las gambas y las semillas de sésamo.

# pasta al horno con salmón

**6 raciones**
tiempo de preparación
**20 minutos**
tiempo de cocción **30 minutos**

250 g de **pasta corta**
25 g de **mantequilla**
25 g de **harina**
300 ml de **leche**
200 ml de *crème fraîche*
100 g de **parmesano**
recién rallado
3 cucharadas de **hierbas
aromáticas** picadas (tales
como cebollino o eneldo)
2 latas de 200 g de **salmón
rojo**, escurrido y desmenuzado
100 g de **guisantes** congelados

**Cueza** la pasta de 8 a 10 minutos o siga las instrucciones del paquete, hasta que esté al dente. Escúrrala y resérvela.

**Caliente** la mantequilla en una sartén antiadherente hasta que se derrita. Retírela del fuego; agregue la harina y remueva bien hasta obtener una pasta espesa. Vuelva a colocar la sartén en el fuego y cueza, sin dejar de remover, durante 1 minuto. Saque la sartén del fuego y vaya vertiendo poco a poco, y en cantidades pequeñas, la leche, removiendo bien, hasta que la haya utilizado toda.

**Coloque** la sartén en el fuego y lleve a ebullición, sin dejar de remover, hasta que hierva y espese. Añada la *crème fraîche* y la mitad del parmesano y remuévalo todo bien. Incorpore la pasta escurrida, las hierbas aromáticas, el salmón rojo desmenuzado y los guisantes y mézclelos con cuidado para que no se rompa el pescado. Ponga la pasta en 6 fuentes para gratinar y espolvoréela con el resto del parmesano.

**Introdúzcala** en el horno, precalentado a 180 °C, y déjela durante 20 minutos, hasta que se dore y burbujee. Sírvala con pan caliente y una ensalada sencilla.

**Para preparar pasta al horno con atún y maíz**, sustituya el salmón por 2 latas de 200 g de atún, escurrido y desmenuzado y, en vez de guisantes, utilice 100 g de maíz. Añada 1 cucharada de mostaza a la antigua y mézclelo todo bien. Corte una baguete de ajo en rebanadas y colóquelas encima de la pasta. Espolvoree con el resto del parmesano y hornee como se indica en la receta, hasta que las rebanadas de pan estén doradas y crujientes y la salsa burbujee.

# espaguetis a la boloñesa

**6 raciones**
tiempo de preparación
  **30 minutos**
tiempo de cocción **35 minutos**

2 cucharadas de **aceite de oliva**
1 **cebolla**, picada fina
2 **zanahorias**, ralladas
1 **calabacín**, rallado
500 g de **ternera picada magra**
2 cucharadas de **harina**
2 cucharadas de **concentrado de tomate**
600 ml de **caldo de ternera**
200 g de **tomates troceados** de lata
250 g de **espaguetis** o *linguine*
**parmesano** recién rallado, para servir

**Caliente** 1 cucharada de aceite de oliva en una cacerola grande de fondo grueso y sofría la cebolla, las zanahorias y los calabacines a fuego moderado durante 5-6 minutos, removiendo de vez en cuando. Retire las verduras de la cacerola y resérvelas.

**Añada** la carne picada a la cacerola y rehogue durante 4 o 5 minutos, sin dejar de remover, hasta que se dore por todos los lados. Vuelva a poner las verduras en la cacerola; agregue la harina y remueva bien para que se impregnen ligeramente. Incorpore el concentrado de tomate al caldo de ternera y remuévalos bien; luego vierta el caldo en la cazuela junto con los tomates troceados. Lleve la salsa a ebullición y, después, baje el fuego, tápela y cuézala a fuego lento durante 20 minutos.

**Mientras tanto**, cueza la pasta de 8 a 10 minutos, o siga las instrucciones del paquete, hasta que esté al dente. Escúrrala y mézclela con el resto del aceite. Póngala en cuencos calientes y vierta por encima la salsa boloñesa. Sírvala espolvoreada con parmesano.

**Para preparar macarrones a la boloñesa gratinados**, cueza 250 g de macarrones hasta que estén al dente y luego escúrralos y mézclelos con 1 cucharada de aceite de oliva. Prepare la salsa boloñesa como se indica en la receta e incorpórela a los macarrones; después, póngalos en una fuente grande para gratinar. Mezcle 200 ml de *crème fraîche* con 3 cucharadas de parmesano recién rallado y 2 cucharadas de perejil picado y esparza la mezcla por encima de los macarrones. Introdúzcalos en el horno, precalentado a 200 °C, y hornee de 20 a 25 minutos, hasta que la cobertura esté dorada y crujiente.

# *rösti* de patata y queso

**4 raciones**
tiempo de preparación
**10 minutos**
tiempo de cocción **25 minutos**

500 g de **patatas rojas**
o **patatas para hervir**,
con piel
50 g de **queso cheddar suave**,
rallado
1 **cebolla roja**, picada fina
3 cucharadas de **aceite vegetal**
**kétchup** (*véanse* págs. 26-27),
para servir

**Ponga** las patatas en una cacerola grande con agua y lleve a ebullición. Hierva durante unos 20 minutos, hasta que las patatas estén hechas, pero firmes. Escúrralas y deje que se enfríen.

**Pele** las patatas y rállelas en un cuenco. Añada, sin dejar de remover, el queso cheddar rallado y la cebolla. Con las manos húmedas, haga 4 bolas redondas, presione sobre ellas con 2 dedos para formar *rösti* y arregle un poco los bordes.

**Pinte** los *rösti* por ambos lados con un poco de aceite y colóquelos en el grill a potencia media, sobre una rejilla forrada de papel de aluminio, y gratínelos durante 2 o 3 minutos por cada lado, hasta que se doren.

**Sírvalos** calientes junto con el kétchup (si le sobra alguno, podrá conservarlo en la nevera, en un envase hermético, hasta un máximo de 3 días).

**Para preparar *rösti* de patata, beicon y tomate**, elabore la mezcla de patata como se indica en la receta y prescinda de la cebolla. Añada 1 tomate grande (cortado en trozos pequeños) y 2 lonchas de panceta cocida (cortadas también en trozos pequeños) a la mezcla, junto con 2 cucharadas de kétchup. Forme 4 hamburguesas y siga como se indica en la receta. Utilice los *rösti* como relleno para panes pita integrales, acompañados de berros y kétchup.

# pastel de pescado con boniato

**4 raciones**
tiempo de preparación
**45 minutos**
tiempo de cocción **45 minutos**

375 g de **filete de bacalao**
300 ml de **agua**
250 g de **gambas**, previamente
  descongeladas si son
  congeladas, y escurridas
1 **zanahoria** grande, cortada
  en trozos grandes
250 g de **brócoli**, en ramitos
25 g de **mantequilla**
25 g de **harina**
300 ml de **leche**
50 g de **queso cheddar**, rallado

para la **cobertura de boniato**
625 g de **boniatos**, pelados
  y troceados
50 g de **mantequilla**
3 cucharadas de **perejil** picado
25 g de **queso cheddar**,
  rallado fino

**Ponga** el filete de bacalao en una sartén de fondo grueso de tamaño mediano y vierta por encima el agua. Lleve a ebullición, baje el fuego, tape la sartén y cueza a fuego lento durante 3 minutos. Escúrralo y reserve el caldo del pescado. Luego, desmenúcelo y mézclelo cuidadosamente con las gambas.

**Cueza** la zanahoria y el brócoli en agua hirviendo durante 5 minutos, escúrralos y resérvelos. Derrita la mantequilla en una cacerola; retírela del fuego y añada la harina. Remuévalas a fuego suave 30 segundos. Retire la mezcla del fuego y vaya vertiendo poco a poco la leche, sin dejar de remover; agregue el caldo de pescado y remuévalo bien.

**Vuelva** a colocar la cacerola en el fuego y lleve a ebullición, sin dejar de remover, hasta que la preparación espese. Retírela del fuego; añada el queso cheddar, viértalo sobre el bacalao, incorpore las verduras y mezcle bien. Coloque en una fuente grande para gratinar y reserve.

**Mientras tanto**, cueza los boniatos de 8 a 10 minutos, hasta que estén tiernos. Escúrralos, agregue la mantequilla y hágalos puré. Incorpore, sin dejar de remover, el perejil y distribuya el puré por encima del bacalao con salsa y espolvoree con el queso cheddar. Introduzca la fuente en el horno, precalentado a 200 °C, y hornéela durante 30 minutos.

**Para preparar pastel de atún y gambas con queso**, sustituya el bacalao por 2 latas de 200 g de atún escurrido y desmenuzado. Cueza 750 g de patatas y hágalas puré junto con la mantequilla, 50 g más de queso cheddar y 6 cucharadas de leche. Mézclelos con el perejil; ponga el puré por encima del atún y de las gambas; espolvoree con el resto del queso y siga la receta.

# fideos asiáticos con gambas

**2 raciones**
tiempo de preparación
   **20 minutos**
tiempo de cocción **10 minutos**

3 cucharadas de **salsa
   de ciruela**
2 cucharadas de **vinagre
   de arroz**
2 cucharadas de **salsa de soja**
100 g de **fideos al huevo**
   finos o medianos
1 cucharada de **aceite vegetal**
2 **cebolletas**, cortadas en
   diagonal en trozos gruesos
½ **guindilla roja** suave, sin
   semillas ni corazón y picada
   fina
150 g de **pak choi** (col china)
   o **col**, cortada en tiras finas
100 g de **maíz mini**, cortado
   en diagonal por la mitad
200 g de **gambas** peladas,
   previamente descongeladas
   si son congeladas,
   y escurridas

**Mezcle** la salsa de ciruela con el vinagre de arroz y la salsa de soja en un cuenco pequeño y reserve la preparación.

**Vierta** abundante agua hirviendo en una cacerola de tamaño mediano y vuelva a llevarla a ebullición. Añada los fideos y cuézalos durante 3 minutos. Escúrralos con un colador.

**Caliente** el aceite en una sartén grande o en un wok durante 1 minuto. Agregue las cebolletas y la guindilla y sofríalos 1 minuto, mientras remueve con una cuchara de madera. Incorpore el *pak choi*, o la col, y el maíz, y sofríalos 2 o 3 minutos más, hasta que las verduras se ablanden.

**Añada** los fideos, las gambas y la salsa y cuézalos a fuego lento, removiendo cuidadosamente, hasta que los ingredientes se mezclen y estén calientes. Sirva inmediatamente.

### Para preparar fideos asiáticos con ternera y coco,

en lugar de guindilla roja y *pak choi*, utilice 175 g de ramitos de brócoli blanqueados e incorpórelos al wok junto con las cebolletas y sofría durante 1 minuto. Añada 175 g de filetes de ternera, cortados en tiras finas, y fría durante 2 o 3 minutos más, hasta que se doren. Agregue 400 ml de leche de coco en lata y 2 cucharadas de salsa de soja en vez de salsa de ciruela y mézclelos con los fideos. Cocine durante 1 minuto más, hasta que estén calientes.

# *rösti* de salmón

**6 raciones**
tiempo de preparación
  **30 minutos**
tiempo de cocción
  **25-30 minutos**

500 g de **patatas**, con piel
  y enteras
25 g de **mantequilla**
250 g de **filetes de salmón**
2 cucharadas de **aceite
 de girasol**
200 ml de *crème fraîche*
3 **cebolletas**, picadas finas
2 cucharadas de **cebollino**
  picado
**gajos de limón**, para servir

**Lleve** a ebullición agua con un poco de sal en una cacerola grande. Cueza las patatas 10 minutos, hasta que empiecen a ablandarse y luego escúrralas y déjelas reposar para que se enfríen.

**Caliente** la mantequilla en una sartén pequeña y eche el salmón. Tape la sartén y baje el fuego al mínimo. Cocine de 8 a 10 minutos, hasta que el salmón esté hecho. Retírelo del fuego y resérvelo hasta que se haya enfriado lo suficiente para manipularlo. Desmenúcelo y póngalo en un cuenco junto con los jugos de la sartén.

**Ralle** las patatas, ya frías; agréguelas al cuenco del salmón y mézclelos. Divida la preparación en 6 porciones y deles forma de hamburguesa plana. Caliente el aceite en una sartén antiadherente grande y fría los *rösti* a fuego moderado de 2 a 3 minutos por cada lado, dándoles la vuelta con una espumadera, hasta que estén dorados y hechos por dentro.

**Mientras tanto**, vierta la *crème fraîche* en un cuenco junto con las cebolletas y el cebollino y mézclelo bien. Escurra los *rösti* sobre papel de cocina; riéguelos con la *crème fraîche* con la ayuda de una cuchara y sírvalos con gajos de limón.

**Para preparar *rösti* con beicon y huevos**, siga las instrucciones de la receta, pero prescinda del salmón y añada 1 cucharada de perejil picado antes de darles forma. Sirva cada *rösti* crujiente acompañado de 2 lonchas de beicon ligeramente fritas, un huevo escalfado por encima y kétchup casero (*véanse* págs. 26-27).

# macarrones con queso con costra de pan rallado

**4 raciones**

tiempo de preparación
**15 minutos**

tiempo de cocción, **25 minutos** aproximadamente

200 g de **macarrones**

100 g de **guisantes** frescos o congelados

65 g de **mantequilla**

40 g de **harina**

500 ml de **leche**

1 cucharadita de **mostaza de Dijon**

150 g de **queso cheddar**, rallado grueso

100 g de **jamón**, cortado en trozos pequeños

65 g de **pan rallado**

**Cueza** los macarrones durante unos 10 minutos, o siga las instrucciones del paquete, hasta que estén al dente. Agregue los guisantes a la cacerola y deje que cuezan 2 minutos más. Escúrralos y resérvelos.

**Derrita** 40 g de mantequilla en la cacerola limpia y seca. Incorpore la harina y remueva con una cuchara de madera. Cocine a fuego suave, sin dejar de remover, durante 1 minuto. Retire la cacerola del fuego y vaya vertiendo poco a poco la leche, batiendo bien la mezcla. Vuelva a colocar la cacerola en el fuego y cocine a fuego suave, sin dejar de remover, hasta que la salsa espese y no tenga grumos.

**Añada** la mostaza, el queso cheddar y el jamón y remueva hasta que el queso se haya fundido. Agregue los macarrones y los guisantes, e incorpore hasta que queden impregnados de salsa. Después, póngalos en una fuente refractaria poco honda.

**Derrita** el resto de la mantequilla en una cacerola pequeña y añada el pan rallado, sin dejar de remover, hasta que se mezcle bien. Espolvoree los macarrones con el pan rallado y gratínelos bajo el grill a potencia media durante unos 5 minutos; tenga cuidado, ya que el pan rallado no tardará en dorarse. Saque la fuente del grill y sirva.

**Para preparar macarrones con queso y berenjena con costra de pan rallado**, prescinda de los guisantes y del jamón y utilice ½ berenjena cortada en trozos grandes y sofrita en 2 cucharadas de aceite de oliva hasta que quede blanda y 3 cucharadas de tomates cortados en trozos grandes. Espolvoree los macarrones con el pan rallado y siga como se indica en la receta.

# gambas al curry estilo *korma*

**4 raciones**

tiempo de preparación
**5 minutos**

tiempo de cocción **25 minutos** aproximadamente

1 cucharada de **aceite vegetal**

1 **cebolla**, picada gruesa

1 trozo de 1 cm de **jengibre**, pelado y rallado fino

1 cucharadita de **cilantro en polvo**

½ cucharadita de **comino en polvo**

½ cucharadita de **curry en polvo**

400 g de **tomates troceados** de lata

1 cucharada de **azúcar moreno**

400 ml de **leche de coco** en lata

250 g de **gambas**, previamente descongeladas si son congeladas

125 g de **guisantes** congelados

3 cucharadas de **cilantro** picado

**arroz** o *naan* (pan hindú), para servir

**Caliente** el aceite en una sartén antiadherente grande y sofría la cebolla y el jengibre a fuego suave 3 o 4 minutos, removiendo con frecuencia, hasta que se ablanden, pero sin que lleguen a dorarse. Añada las especias y sofría 1 minuto más. Agregue los tomates troceados y el azúcar; suba un poco el fuego y siga cocinando durante 5 minutos más, removiendo de vez en cuando, hasta que los tomates espesen y se hayan reducido un poco.

**Vierta** la leche de coco y lleve a ebullición. Baje el fuego y cueza a fuego lento, sin tapar, durante 10 minutos, hasta que la salsa espese y se reduzca. Escurra bien las gambas y luego, añádalas a la salsa, junto con los guisantes y el cilantro, y cueza durante 2 o 3 minutos más, hasta que esté bien caliente.

**Sirva** el curry suave en cuencos calientes y acompañado de arroz o pan *naan* para rebañar.

**Para preparar curry suave de pollo y calabaza**, prescinda del jengibre y sustituya las gambas por 250 g de pechuga de pollo, cortada en trozos grandes, y los guisantes por 250 g de calabaza, pelada y cortada en dados. Cocine el pollo y la calabaza junto con la cebolla siguiendo las instrucciones de la receta y después espolvoree con las especias y continúe los pasos indicados.

# estofado de cordero con albóndigas

**4 raciones**

tiempo de preparación
  **30 minutos**

tiempo de cocción
  aproximadamente **1 hora**

1 cucharada de **aceite vegetal**
1 **cebolla** pequeña, picada
375 g de **cordero** deshuesado,
  cortado en dados
1 **puerro**, troceado
75 g de **orejones de
  albaricoque**, troceados
375 g de **patatas nuevas**,
  cortadas por la mitad
1 cucharada de **hojas de tomillo**
2 cucharadas de **harina**
600 ml de **caldo de cordero**

para las **albóndigas**
  (de masa hervida)
125 g de **harina**
½ cucharadita de **sal**
1 cucharada de **hojas de tomillo**
50 g de **grasa vegetal**
unas 4 cucharadas de **agua** fría

**Caliente** el aceite en una cacerola grande de fondo grueso y fría la cebolla junto con el cordero a fuego moderado de 4 a 5 minutos, hasta que se ablanden y se doren. Agregue el puerro, los orejones y las patatas nuevas y fría durante 2 minutos más. Esparza las hojas de tomillo y la harina y remuévalo bien para que el cordero se impregne ligeramente. Vierta el caldo y lleve a ebullición; tape la sartén y cocine a fuego suave durante 35 minutos, removiendo de vez en cuando.

**Mientras tanto**, prepare las albóndigas. Eche la harina y la sal en un cuenco, junto con las hojas de tomillo y la grasa vegetal. Añada el agua necesaria para obtener una masa elástica. Divida la masa en 12 porciones y, con las manos ligeramente enharinadas, forme bolitas del tamaño de una nuez. Remueva el estofado y agregue un poco de agua si fuera necesario. Luego, añada las albóndigas al caldo, tape la cacerola y cueza a fuego lento durante 15 minutos, hasta que hayan casi duplicado su tamaño.

**Sirva**, con la ayuda de un cucharón, el estofado con albóndigas en cuencos calientes.

**Para preparar estofado de verduras con albóndigas de queso**, prescinda del cordero y sustitúyalo por 2 zanahorias troceadas, 1 pimiento rojo y 1 calabacín, ambos cortados en trozos grandes. Y, en lugar de caldo de cordero, utilice caldo vegetal y cocine siguiendo las instrucciones de la receta. Añada a la harina, cuando elabore las albóndigas, 3 cucharadas de pasas, junto con los orejones de albaricoque, y 25 g de queso cheddar rallado fino. Continúe como se indica en la receta.

# pastel de pollo

4 raciones
tiempo de preparación
**20 minutos**
tiempo de cocción
**45-50 minutos**

250 g de **ramitos de brócoli**
1 cucharada de **aceite de oliva**
375 g de **pechuga de pollo**
sin hueso ni piel y cortada
en dados
6 lonchas de **panceta**, troceadas
2 **zanahorias** pequeñas,
troceadas
25 g de **mantequilla**
25 g de **harina**
300 ml de **leche**
1 cucharada de **vinagre**
**de vino blanco**
1 cucharadita de **mostaza**
**de Dijon**
200 ml de *crème fraîche*
2 cucharadas de **estragón**
o **perejil** picado
500 g de **masa quebrada**
**huevo batido**, para pintar

**Cueza** el brócoli 5 minutos hasta que esté tierno. Escúrralo, páselo por un chorro de agua fría y resérvelo. Caliente el aceite en una sartén antiadherente y fría el pollo y el beicon a fuego moderado de 7 a 8 minutos. Incorpore las zanahorias y fría durante 3 o 4 minutos más, hasta que los ingredientes se doren, y retire la sartén del fuego.

**Caliente** la mantequilla en una cacerola de tamaño mediano y agregue la harina. Cocine a fuego suave durante unos segundos; retírela del fuego y vaya vertiendo la leche poco a poco, hasta que esté bien mezclada. Añada el vinagre y la mostaza e incorpore bien. Vuelva a poner la cacerola en el fuego y remueva hasta que hierva y espese. Eche la *crème fraîche* y las hierbas aromáticas y agregue el pollo y las verduras y remueva. Coloque los ingredientes en una fuente de horno redonda.

**Estire** la masa con un rodillo sobre una superficie enharinada hasta que sea un poco más grande que la fuente. Humedezca ligeramente el borde de la fuente con un poco de agua y luego coloque la masa por encima; recorte los bordes y adorne, si lo desea, con los recortes sobrantes. Pinte ligeramente la masa con el huevo batido y, después, introduzca el pastel en el horno, precalentado a 180 °C, y déjelo de 25 a 30 minutos.

**Para preparar pastel cremoso de jamón**, sustituya el pollo y el beicon por 500 g de jamón fresco. Llene con agua una cacerola grande hasta la mitad de su capacidad y luego agregue 3 granos de pimienta y una hoja de laurel. Introduzca la pieza de jamón en la olla, lleve a ebullición y deje que cueza durante 1½ horas. Escúrrala y déjela reposar para que se enfríe. Cueza las zanahorias con el brócoli y corte el jamón en trozos e incorpórelo, junto con las verduras a la salsa; siga como se indica en la receta.

# col al horno con cacahuetes y queso

**4 raciones**
tiempo de preparación
**15 minutos**
tiempo de cocción **30 minutos**

375 g de **col blanca**, cortada
  en tiras
125 g de **col verde** o **col
de Milán**, cortada en tiras
1 cucharadita de **nuez moscada
molida**
125 g de **cacahuetes** tostados,
  sin sal
25 g de **mantequilla**
25 g de **harina**
450 ml de **leche**
125 g de **queso cheddar**
  curado, rallado
1 cucharadita de **mostaza
de Dijon**
2 cucharadas de **perejil** picado
25 g de **pan rallado integral**

**Cueza** los dos tipos de col en agua hirviendo durante 5 minutos, hasta que estén tiernos. Escúrralos, póngalos en un cuenco grande y mézclelos con la nuez moscada y los cacahuetes.

**Caliente** la mantequilla en una cacerola antiadherente hasta que se derrita. Retírela del fuego, agregue la harina y mezcle hasta obtener una pasta. Vuelva a colocar la cacerola en el fuego y cocine durante unos segundos más. Sáquela de nuevo del fuego y vaya vertiendo la leche en pequeñas cantidades, removiendo bien tras cada adición. Vuelva a poner la cacerola en el fuego y llévela a ebullición, sin dejar de remover, hasta que la mezcla hierva y espese.

**Retire** la cacerola del fuego y añada 75 g del queso cheddar rallado junto con la mostaza. Mézclelo bien y, después, rocíe la col con el preparado y vuelva a mezclar.

**Colóquelo** en una fuente para gratinar o en 4 fuentes individuales. Incorpore el resto del queso con el perejil y el pan rallado y luego espolvoréelos por encima de la mezcla e introdúzcala en el horno, precalentado a 200 °C. Hornee durante 20 minutos, hasta que se dore y burbujee.

**Para preparar tubérculos al horno con cacahuetes, nuez moscada y queso**, en lugar de col, utilice 375 g de calabaza y 250 g de chirivías, ambas cortadas en rodajas. Cuézalas en agua hirviendo durante 5 minutos y escúrralas. Mézclelas con el cacahuete, la nuez moscada y la salsa de queso; espolvoréelas con el pan rallado mezclado con queso y siga como se indica en la receta.

# cena rápida

**4 raciones**
tiempo de preparación **25 minutos**
tiempo de cocción **20 minutos**

- 1 **barra de pan chapata**
- 1 manojo de **cebollinos**
- 125 g de **mantequilla de ajo**, ablandada
- 5 cucharadas de **aceite de oliva**
- 4 **pechugas de pollo** sin hueso ni piel y cortadas por la mitad en horizontal
- 4 **tomates**, cortados en rodajas
- 150 g de **mozzarella**, escurrida y cortada en rodajas
- 1 cucharada de **vinagre de vino blanco**
- 1 cucharada de **mostaza a la antigua**
- 1 cucharadita de **azúcar**

**Corte** la barra de pan en rebanadas de 1,5 cm de grosor, sin atravesarlas del todo: que se mantengan unidas a la base.

**Pique** los cebollinos con tijeras y mezcle la mitad en un cuenco con la mantequilla de ajo. Extienda una pizca de mantequilla de ajo entre los cortes de la barra de pan. Coloque la barra sobre un trozo de papel de aluminio y una los bordes del papel de modo que forme una especie de bolsa alrededor de la barra. Introdúzcala en el horno, precalentado a 220 °C, durante 10 minutos.

**Mientras tanto**, caliente 1 cucharada del aceite en una sartén grande. Incorpore el pollo y sofríalo durante 5 minutos, hasta que se dore por debajo. Dé la vuelta a los trozos de pollo y fríalos 5 minutos más.

**Utilice** una manopla para el horno para abrir cuidadosamente el papel de aluminio que envuelve el pan de ajo y déjelo en el horno 10 minutos más.

**Coloque** las rodajas de tomate y mozzarella en un plato llano.

**Haga** un aliño batiendo en un cuenco el resto del aceite junto con el vinagre, la mostaza y el azúcar. Agregue el resto del cebollino por encima de la ensalada y rocíela con el aliño. Con una manopla para el horno, saque el pan de ajo del horno y sírvalo con la ensalada y el pollo.

**Para preparar escalopines de cerdo rápidos**, enharine ligeramente 4 filetes de cerdo; páselos por 4 huevos batidos y luego por 200 g de pan rallado integral mezclado con 2 pizcas de pimentón ahumado. Caliente 3 cucharadas de aceite de oliva en una sartén antiadherente y fría los filetes de 2 a 3 minutos por cada lado, hasta que se doren. Sírvalos con ensalada de tomate y mozzarella.

# *risotto* de calabaza

**4 raciones**

tiempo de preparación
  **15 minutos**

tiempo de cocción, **25 minutos**
  aproximadamente

2 cucharadas de **aceite de oliva**

1 **cebolla**, picada fina

500 g de **calabaza**, pelada,
  sin semillas y cortada en trozos
  grandes

250 g de **arroz arborio**
  o **bomba**

900 ml de **caldo de pollo**

75 g de **parmesano** recién
  rallado, más un poco para servir

4 cucharadas de **piñones**,
  tostados

250 g de **espinacas frescas**

**Caliente** el aceite en una sartén grande de fondo grueso y fría la cebolla y la calabaza a fuego lento-moderado durante 10 minutos, hasta que se ablanden. Añada el arroz; cocine 1 minuto más y agréguele la mitad del caldo de pollo. Lleve a ebullición, baje el fuego y cueza a fuego lento durante 5 minutos, removiendo de vez en cuando, hasta que se haya absorbido casi todo el caldo.

**Siga** añadiendo el caldo, de 150 ml en 150 ml, y deje cocinar a fuego suave hasta que se haya absorbido casi todo el caldo, antes de agregar más. Cuando el arroz esté tierno, retire la sartén del fuego; incorpore el parmesano, los piñones y las espinacas y remuévalo todo bien para que los ingredientes se mezclen y las espinacas se ablanden. Ponga el *risotto* al fuego 1 minuto más, si es necesario.

**Sirva** el *risotto* en cuencos calientes espolvoreado con parmesano recién rallado.

**Para preparar *risotto* de pollo y guisantes**, sustituya la calabaza por 3 pechugas de pollo de 150 g, cortadas en trozos y fritas con la cebolla. Siga como se indica en la receta y añada 125 g de guisantes congelados y, si lo desea, las espinacas. Sírvalo espolvoreado con parmesano recién rallado.

# cenas sobre la marcha

# empanada

para **6 empanadas**
tiempo de preparación
   **25 minutos**, más tiempo
   de refrigerado
tiempo de cocción **25 minutos**

375 g de **harina**
½ cucharadita de **sal**
175 g de **mantequilla**,
   cortada en dados
2-3 cucharadas de **agua** fría
1 cucharada de **aceite vegetal**
½ **cebolla** pequeña, picada
175 g de **cordero** magro,
   cortado en filetes finos
1 **patata** pequeña o 2 **patatas**
   **nuevas mini**, peladas
   y cortadas en dados
300 ml de **caldo de cordero**
   caliente
1 cucharadita de **mostaza**
   **de Dijon** (opcional)
2 cucharadas de **menta**,
   picada fina
**huevo batido**

**Tamice** la harina con la sal en un cuenco grande y agregue la mantequilla. Con las yemas de los dedos, mezcle la mantequilla con la harina hasta que la preparación se parezca a unas migas de pan finas. Vierta el agua e incorpore hasta obtener una masa grumosa. Colóquela sobre una superficie ligeramente enharinada y trabájela hasta que no queden grumos. Póngala en una bolsa apta para uso alimentario e introdúzcala en la nevera 30 minutos.

**Mientras tanto**, caliente el aceite en una sartén y fría la cebolla y el cordero a fuego moderado durante 5 minutos, removiendo de vez en cuando, hasta que empiecen a dorarse. Añada la patata, baje el fuego y cocine durante 2 minutos más, removiendo de vez en cuando, hasta que ésta empiece a dorarse.

**Mezcle** el caldo de cordero con la mostaza y viértalo en la sartén. Tape la sartén y cocine a fuego suave durante 15 minutos, removiendo ocasionalmente, hasta que las patatas estén blandas pero todavía conserven su forma y el cordero esté tierno. Incorpore, sin parar de remover, la menta y deje reposar para que se enfríe.

**Estire** la masa con un rodillo hasta que tenga un grosor de 5 mm y, con la ayuda de un platito de 15 cm corte 6 círculos. Pinte el borde de los círculos con un poco de agua y ponga 2 cucharadas de la mezcla en el centro de cada uno. Luego, dóblelos por la mitad para albergar el relleno y ciérrelos con un pliegue. Coloque las empanadas en una placa de horno y píntelas con un poco de huevo batido. Introdúzcalas en el horno, precalentado a 200 °C, y hornéelas de 20 a 25 minutos, hasta que estén doradas y crujientes. Envuélvalas holgadamente en papel de aluminio para que no se enfríen.

# tortilla española

**8 raciones**
tiempo de preparación
   **10 minutos**
tiempo de cocción
   **20-25 minutos**

2 cucharadas de **aceite de oliva**
2 **cebollas**, picadas
1 **diente de ajo**, majado
500 g de **patatas**, cocidas
   y cortadas en rodajas
6 **huevos**
50 ml de **leche**

**Caliente** a fuego moderado 1 cucharada de aceite de oliva en una sartén de tamaño mediano con mango de metal. Agregue las cebollas y el ajo y fríalos 5 minutos, hasta que estén dorados, y después incorpore las patatas cocidas y deje que se calienten.

**Mientras tanto**, bata los huevos junto con la leche en un cuenco grande. Añada las patatas, las cebollas y el ajo a la mezcla de huevo y remuévalos bien.

**Vuelva** a poner la sartén en el fuego y caliente el resto del aceite. Agregue la preparación de huevo y patata a la sartén y cocine a fuego lento de 7 a 8 minutos, hasta que empiece a cuajar. Precaliente el grill a temperatura media y cocine la tortilla en la sartén, bajo el grill, de 3 a 5 minutos, hasta que esté dorada y cuajada por encima.

**Ponga** la tortilla en un plato y deje que se enfríe. Córtela en trozos y sírvala fría o caliente (si lo desea, puede guardar envuelto cualquier trozo que no vaya a utilizar; se conservará en la nevera hasta 3 días).

**Para preparar tortilla española con chorizo**, alterne capas de patata y chorizo (utilice 75 g de chorizo en rodajas) y 2 cucharadas de perejil picado y siga como se indica en la receta. Sírvala caliente, o fría y acompañada de tomates cereza.

# miniquiches

para **18 miniquiches**
tiempo de preparación
   **45 minutos**
tiempo de cocción **20 minutos**

**aceite vegetal**, para engrasar
**harina**, para espolvorear
375 g de **masa quebrada**
   previamente descongelada
   si es congelada y sacada
   de la nevera 15 minutos
   antes de utilizarla
2 **huevos**
200 ml de **leche**
4 lonchas de **jamón**, cortadas
   en dados
2 **cebolletas**, picadas
5 **tomates cereza**, cortados
   por la mitad
50 g de **queso cheddar**, rallado

**Unte** con un poco de aceite 2 moldes para 9 magdalenas. Espolvoree con un poco de harina la superficie de trabajo y desenrolle la pasta quebrada. Aplánela con las palmas de las manos, corte círculos con un cortapastas y colóquelos en los orificios de los 2 moldes, presionándolos con las yemas de los dedos.

**Vierta** los huevos y la leche en una jarra medidora y bátalos con un tenedor.

**Ponga** el jamón, las cebolletas y los tomates cereza en un cuenco y mézclelos; luego agregue 1 cucharadita de la mezcla en cada una de las tartaletas de masa.

**Rocíe** un poco de la preparación de huevo batido en cada una de las tartaletas de masa y espolvoréelas con un poco de queso cheddar. Introdúzcalas en el horno, precalentado a 220 °C, durante 20 minutos, o hasta que cuajen y se doren. Sirva las *miniquiches* frías o calientes.

**Para preparar *miniquiches* de pimiento rojo con ajo y parmesano**, sustituya el jamón, las cebolletas y los tomates cereza por pimiento rojo, ajo y parmesano. Caliente 1 cucharada de aceite de oliva en una sartén pequeña y fría durante 2 o 3 minutos 1 pimiento rojo, ligeramente picado, y 1 diente de ajo majado. Después, colóquelos en las tartaletas de masa junto con 50 g de parmesano recién rallado y vierta por encima la mezcla de huevo batido, siguiendo las instrucciones de la receta. Prescinda del queso cheddar y cocine las *miniquiches* en el horno como se ha indicado.

# *calzone* de chorizo y queso

**8 raciones**
tiempo de preparación
**30-40 minutos**
tiempo de cocción
**25-30 minutos**

300 g de **masa de pizza**
**harina**, para espolvorear
1 cucharada de **aceite de oliva**
1 **pimiento rojo** pequeño, sin
semillas ni corazón y cortado
en trozos grandes
1 **pimiento amarillo**, sin semillas
ni corazón y cortado en trozos
grandes
175 g de **chorizo**, en rodajas
1 **tomate** grande, cortado
en trozos grandes
½ cucharadita de **hierbas**
**aromáticas variadas secas**
150 g de **mozzarella**, escurrida
y en dados

**Prepare** la masa de la pizza según las instrucciones del paquete
y colóquela sobre una superficie ligeramente enharinada.
Divídala en 8 porciones y trabájela con un rodillo para formar
círculos lisos. Estírelos hasta que midan 20 cm y cúbralos
con film transparente.

**Caliente** el aceite en una sartén grande de fondo
grueso y fría los pimientos a fuego moderado 5 minutos,
removiéndolos de vez en cuando. Añada las rodajas de
chorizo y fría 2 minutos más antes de agregar los trozos
de tomate. Siga cocinando durante 3 o 4 minutos, removiendo
alguna vez, hasta que el tomate se haya ablandado. Retire
la sartén del fuego e incorpore, sin dejar de remover, las
hierbas aromáticas y la mozzarella.

**Deje** que se enfríe un poco la mezcla antes de repartirla
entre los 8 círculos de masa. Pinte el borde de los círculos
con un poco de agua; luego dóblelos por la mitad para albergar
el relleno y presione para sellarlos. Colóquelos sobre una
placa de horno e introdúzcalos en el horno, precalentado
a 220 °C, de 15 a 20 minutos. Sirva los *calzone* calientes.

**Para preparar *calzone* de calabaza y queso feta**, caliente
1 cucharada de aceite de oliva en una sartén y fría a
fuego moderado 250 g de calabaza, cortada en dados,
durante 5-6 minutos, hasta que empiece a ablandarse.
Vierta 5 cucharadas de agua en la sartén y luego, tápela
y cocine a fuego suave 3 minutos. Retire la sartén del
fuego y deje que los ingredientes se enfríen. Agregue
2 cucharadas de perejil picado y 100 g de queso feta
desmenuzado. Utilice el relleno como se indica en la receta.

# bollitos-pizza

**4 raciones**
tiempo de preparación
  **25 minutos**
tiempo de cocción
  **15-20 minutos**

250 g de **harina integral
  con levadura**
50 g de **mantequilla**, en dados
150 ml de **leche**
150 ml de *passata* de tomate
3 cucharadas de **concentrado
  de tomate**
2 cucharadas de **albahaca**
  picada
4 lonchas gruesas de **jamón**
  de buena calidad, cortado
  en tiras
125 g de **aceitunas negras
  deshuesadas**, cortadas
  por la mitad
150 g de **mozzarella**, rallada

**Tamice** la harina en un cuenco y, con las yemas de los dedos, mézclela con la mantequilla hasta que la preparación se parezca a unas migas de pan finas. Haga un hueco en el centro y añada suficiente leche para obtener una masa bastante blanda. Colóquela sobre una superficie ligeramente enharinada y trabájela un poco. Córtela en 4 trozos y vuelva a trabajarla, formando un círculo irregular con cada uno de los trozos. Extienda los círculos con un rodillo hasta que midan 15 cm y colóquelos en una placa de horno.

**Mezcle** la *passata* y el concentrado de tomate con la albahaca. Reparta la preparación entre las masas de bollo y espárzala dejando un borde de 1 cm en cada una. Haga un montoncito con el jamón y las aceitunas y espolvoree con la mozzarella.

**Rocíe** las pizzas con un poco de aceite de oliva e introdúzcalas en el horno, precalentado a 200 °C, de 15 a 20 minutos, hasta que las bases hayan subido y el queso se haya dorado. Envuélvalas en papel de aluminio y sírvalas frías o calientes.

**Para preparar bollitos-pizza de beicon y huevo**, haga bases de pizza y deles la forma de un cuenco con borde. Extienda por encima la *passata* y el concentrado de tomate. Caliente 1 cucharada de aceite de oliva y sofría 6 lonchas de beicon magro cortadas en trozos grandes durante 2 minutos, hasta que se doren. Escurra los trozos de beicon sobre papel de cocina; repártalos entre las pizzas y casque un huevo sobre cada una. Hornéelas como se indica en la receta pero sin añadir mozzarella. Retírelas del horno y, mientras aún estén calientes, espolvoréelas con 1 cucharada de mozzarella rallada y un poco de perejil picado.

# hamburguesas vegetales

**8 raciones**

tiempo de preparación
**20 minutos**, más tiempo
de refrigerado

tiempo de cocción
**12-15 minutos**

250 g de **espinacas**, lavadas
y secadas suavemente
sin frotar

1 cucharada de **aceite de oliva**

1 **pimiento rojo** pequeño, sin
semillas ni corazón y picado
muy fino

4 **cebolletas**, picadas finas

400 g de **garbanzos** de bote,
escurridos y lavados

125 g de **ricota**

1 **yema de huevo**

½ cucharadita de **cilantro
en polvo**

50 g de **harina**

1 **huevo**, batido

175 g de **pan rallado integral**

4 cucharadas de **aceite vegetal**

para **servir**

8 **minipanecillos
para hamburguesas**

**kétchup** (opcional,
*véanse* págs. 26-27)

**tomates cereza** (opcional)

**Ponga** las espinacas, todavía húmedas, en una cacerola
y cocínelas a fuego moderado de 2 a 3 minutos. Retírelas
del fuego, escúrralas bien y resérvelas.

**Caliente** el aceite en una sartén; fría el pimiento y las cebolletas
a fuego moderado entre 4 y 5 minutos y resérvelas.

**Introduzca** los garbanzos en un robot de cocina junto con
la ricota y tritúrelos hasta que no queden grumos. Agregue
las espinacas, la yema de huevo y el cilantro y siga triturando
para que se mezcle bien. Ponga la mezcla en un cuenco
grande y añada, sin dejar de remover, el sofrito de cebolletas
y pimiento. Divida la mezcla en 8 porciones y deles forma de
hamburguesa; primero, páselas por un poco de harina;
después, por el huevo batido y, por último, por el pan
rallado, para empanarlas. Refrigérelas durante 30 minutos.

**Caliente** el aceite vegetal en una sartén grande de fondo
grueso y fría las hamburguesas, dándoles la vuelta una vez,
a fuego moderado durante 6-7 minutos. Sírvalas en los
panecillos; si lo desea, puede añadir un poco de kétchup
y acompañarlas de unos tomates cereza.

**Para preparar hamburguesas de salchicha y pimiento**,
cocine las espinacas, el pimiento y la cebolla según las
instrucciones de la receta. Corte las espinacas en trozos
grandes. Luego, ponga 375 g de carne de salchicha de
calidad en un cuenco y agregue 1 cucharada de *chutney*
de tomate y la misma cantidad de mostaza de Dijon; mézclelos
bien y añada, sin ejar de remover, las espinacas, el pimiento
y la cebolla y mézclelo bien. No reboce las hamburguesas:
simplemente caliente el aceite y fríalas de 2 a 3 minutos
por cada lado, hasta que se doren.

# fritura colorida de patatas y chirivías

**4 raciones**
tiempo de preparación
**15 minutos**
tiempo de cocción
**25-30 minutos**

2 **boniatos**, con piel y cortados
en pequeñas cuñas
1 **patata** grande, con piel
y cortada en pequeñas cuñas
2 **chirivías**, cortadas en cuñas
grandes
3 cucharadas de **aceite de oliva**
1 cucharadita de **especias cajún**
3 cucharadas de **perejil** picado

para la **mayonesa**
1 **huevo**
150 ml de **aceite de oliva**
½ cucharadita de **mostaza
en polvo**
1 cucharada de **vinagre
de vino blanco**
1 cucharada de **perejil** picado

**Ponga** las cuñas de boniato, la patata y la chirivía en un cuenco; rocíelas con el aceite de oliva y mézclelas para que se empapen un poco con el aceite. Espolvoréelas con las especias cajún y vuelva a mezclarlas para que se impregnen de las especias. Colóquelas en una placa de horno grande y métalas en el horno, precalentado a 200 °C, de 25 a 30 minutos, hasta que estén doradas y crujientes.

**Mientras tanto**, prepare la mayonesa. Ponga en una jarra medidora todos los ingredientes, excepto el perejil, y páselos por una batidora eléctrica hasta conseguir una mayonesa espesa. Incorpore el perejil picado.

**Sirva** las cuñas fritas mezcladas con el perejil y acompañadas de una tarrina de mayonesa para remojar.

**Para preparar mayonesa con queso y cebollino**, como otra opción para acompañar, haga la mayonesa según las instrucciones de la receta y añada y mezcle 2 cucharadas de crema agria, 1 cucharada de parmesano recién rallado y 2 cucharadas de cebollino recién cortado. Sírvala con las cuñas de patata y chirivía fritas, para remojar.

# rollitos marroquíes crujientes de cordero

**2 raciones**
tiempo de preparación
**15 minutos**
tiempo de cocción **10 minutos**

250 g de **carne de cordero picada**
1 cucharadita de **canela en polvo**
3 cucharadas de **piñones**
2 *naan* (pan hindú), calientes
200 g de *hummus*
2 cucharadas de **hojas de menta**
1 **cogollo de lechuga**, cortado en tiras finas (opcional)

**Fría** la carne de cordero picada en una sartén antiadherente grande de 8 a 10 minutos, hasta que adquiera un tono marrón dorado. Añada la canela molida y los piñones y fría durante 1 minuto más. Retire la sartén del fuego.

**Coloque** los *naan* calientes en una tabla de cortar y aplánelos con un rodillo.

**Mezcle** el *hummus* con la mitad de las hojas de menta y extiéndalo sobre los *naan* calientes, formando una capa gruesa. Después, distribuya el cordero crujiente con una cuchara y añada las tiras de lechuga, si lo desea, y el resto de las hojas de menta. Enrolle los *naan* formando rollitos bien apretados y sujételos con palillos. Sírvalos inmediatamente o envuélvalos bien en papel de aluminio para transportarlos.

**Para preparar *koftas* de cordero**, mezcle la carne de cordero picada cruda con 4 cebolletas picadas finas, 1 cucharada de canela molida, 1 tomate picado muy fino y 1 yema de huevo. Forme con la preparación una hamburguesa muy grande y fina y cocínela en el grill o en una sartén grande de fondo grueso 3 minutos por un lado y 2 minutos por el otro, hasta que se dore. Extienda 2 cucharadas de yogur griego sobre uno de los *naan* calientes; esparza las hojas de menta y las tiras de lechuga, si lo desea, y coloque la gran *kofta* plana sobre el *naan*. Enróllelo de modo que quede bien apretado y sujételo con palillos. Córtelo por la mitad para servirlo.

# ensalada de garbanzos con hierbas aromáticas

**4 raciones**
tiempo de preparación
  **10 minutos**
tiempo de cocción **5 minutos**
  (opcional)

100 g de **bulgur**
4 cucharadas de **aceite de oliva**
1 cucharada de **jugo de limón**
2 cucharadas de **perejil** picado
1 cucharada de **menta** picada
400 g de **garbanzos** de bote,
  escurridos y lavados
125 g de **tomates cereza**,
  cortados por la mitad
1 cucharada de **cebolla** suave,
  picada
100 g de **pepino**, en dados
150 g de **queso feta**, en dados

**Ponga** el bulgur en un cuenco refractario y vierta suficiente agua hirviendo para cubrirlo. Resérvelo hasta que el agua se haya absorbido (si quiere esponjarlo un poco, introdúzcalo en una vaporera y cocínelo 5 minutos y, después, extiéndalo sobre un plato para que se enfríe).

**Mezcle** el aceite de oliva, el jugo de limón, el perejil y la menta en un cuenco grande y añada los garbanzos, los tomates, la cebolla, el pepino y el bulgur. Incorpore bien y agregue el queso feta, removiendo con cuidado para que el queso no se rompa.

**Sirva** la ensalada inmediatamente o póngala en un recipiente hermético si desea transportarla.

**Para preparar ensalada de atún, alubias y aceitunas negras**, sustituya los garbanzos, los tomates, la cebolla y el pepino por 200 g de atún de lata escurrido y desmenuzado, 400 g de alubias variadas de bote, escurridas y lavadas, 100 g de aceitunas negras y 4 cucharadas de jugo de limón. Mézclelo bien antes de servir la ensalada.

# tortitas de maíz acompañadas de salsa de tomate

para **20 tortitas**
tiempo de preparación
**15 minutos**
tiempo de cocción
**20-30 minutos**

75 g de **harina**
½ cucharadita de **pimentón**
150 ml de **leche**
1 **huevo**, batido
275 g de **maíz dulce** de lata,
  escurrido
3 cucharadas de **perejil** picado
2 **cebolletas**, picadas finas
½ **pimiento rojo**, picado fino

para la **salsa de tomate**
  **para mojar**
1 cucharada de **aceite de oliva**
6 **tomates** maduros, cortados
  en trozos grandes
1 cucharada de **azúcar moreno**
½ cucharadita de **pimentón**
1 cucharada de **vinagre**
  **de vino tinto**
4 cucharadas de **aceite vegetal**

**Ponga** la harina y el pimentón en un cuenco; añada la leche y el huevo batido y bátalos hasta conseguir una masa espesa. Incorpore el maíz, el perejil, las cebolletas y el pimiento rojo y mézclelos bien. Si la masa quedara demasiado espesa, agregue 1 cucharada de agua para aligerarla. Resérvela mientras prepara la salsa de tomate para remojar.

**Caliente** el aceite en una cacerola de fondo grueso de tamaño mediano; incorpore los tomates y cocínelos a fuego moderado durante 5 minutos, removiendo de vez en cuando. Añada el azúcar, el pimentón y el vinagre y baje el fuego. Tape la cacerola y cocine a fuego muy suave de 10 a 15 minutos, removiendo de vez en cuando, hasta que los tomates espesen y la salsa quede grumosa. Retire la cacerola del fuego y deje que la salsa se enfríe en un cuenco.

**Caliente** el aceite vegetal en una sartén antiadherente grande y añada cucharadas de la mezcla de maíz, asegurándose de que estén bien separadas entre sí, y fría las tortitas, por tandas, entre 1 y 2 minutos por cada lado, hasta que estén doradas y firmes. Retírelas del fuego con una espumadera y escúrralas sobre papel de cocina.

**Sirva** las tortitas de maíz acompañadas de la salsa para remojar o envuélvalas en papel de aluminio para transportarlas.

**Para preparar tortitas de calabacín y menta**, en lugar de maíz, utilice 1 calabacín grande picado fino. Caliente 1 cucharada de aceite en una sartén grande y sofría el calabacín a fuego moderado de 3 a 4 minutos, removiendo de vez en cuando, hasta que se dore ligeramente. Añádalo a la masa junto con 2 cucharadas de menta picada.

# tortillas de harina con pollo y beicon

**2 raciones**
tiempo de preparación
**15 minutos**
tiempo de cocción **5 minutos**

1 cucharada de **aceite de oliva**
2 **pechugas de pollo** de 150 g
sin hueso ni piel
2 **lonchas de beicon magro**
sin ahumar
2 **tortillas de harina**
4 cucharadas de **mayonesa**
2 manojos de **espinacas**

**Unte** con aceite 2 trozos de film transparente; coloque en ellos las 2 pechugas de pollo, bien separadas entre sí y golpéelas con un rodillo hasta que el pollo tenga 5 mm de grosor.

**Caliente** una plancha o una sartén de fondo grueso y cocine el pollo, dándole la vuelta una vez, durante 5 minutos, hasta que se dore y esté hecho. Agregue el beicon en los 2 últimos minutos.

**Extienda** 2 cucharadas de mayonesa sobre las tortillas de harina; coloque la pechuga de pollo encima y luego ponga 2 lonchas de beicon sobre el pollo. Distribuya las espinacas y, después, enrolle las tortillas de modo que queden bien apretadas y sujételas con palillos. Corte los rollitos de tortilla por la mitad y sírvalos inmediatamente o envuélvalos bien en papel encerado y átelos con una cuerda para transportarlos.

**Para preparar tortillas de harina rellenas de atún y ensalada de col**, escurra 200 g de atún de lata y mézclelo con 2 tomates cortados en trozos grandes y 1 cucharada de cebollino picado. Luego, incorpore 1/8 de una col cortada en tiras finas, con 1 zanahoria grande rallada y 1 cucharadita de semillas de amapola y reserve. Después, mezcle bien 4 cucharadas de mayonesa con 2 cucharadas de agua; viértalo sobre la col y la zanahoria e incorpore. Esparza el preparado de atún en 4 tortillas de harina y agregue la ensalada de col. Enrolle las tortillas de forma que queden bien apretadas y sujételas con palillos como se indica en la receta.

# *frittata* con judías verdes y beicon

**4 raciones**
tiempo de preparación
  **10 minutos**
tiempo de cocción, **10 minutos**
  aproximadamente

175 g de **judías verdes finas**
6 lonchas de **beicon magro**
100 g de **guisantes** congelados,
  previamente descongelados
6 **huevos**
1 cucharadita de **mostaza
  a la antigua**
½ cucharadita de **pimentón
  en polvo**
2 cucharadas de **aceite vegetal**
4 cucharadas de **parmesano**
  recién rallado

**Cueza** las judías verdes en agua hirviendo durante 5 minutos. Escúrralas y enfríelas bajo el grifo para detener la cocción. Córtelas en trozos grandes y resérvelas. Mientras tanto, ponga el beicon bajo el grill precalentado a temperatura media durante 3 o 4 minutos, hasta que esté hecho y dorado. Deje que se enfríe un poco y córtelo en trozos grandes con unas tijeras. Luego, mezcle las judías verdes y el beicon con los guisantes.

**Bata** los huevos junto con la mostaza y el pimentón. Caliente el aceite en una sartén antiadherente de tamaño mediano, con mango de metal, y vierta el huevo batido. Mientras remueve con rapidez, agregue las judías, los guisantes y el beicon y cocine a fuego suave hasta que la base haya cuajado.

**Espolvoree** la *frittata* con el parmesano y déjela en la sartén bajo el grill durante 2 o 3 minutos, hasta que cuaje y se dore. Córtela en trozos grandes y, si no desea servirla de inmediato, envuélvala en papel de aluminio para que no se enfríe.

**Para preparar *frittata* con champiñones y beicon**, prescinda de las judías verdes y de los guisantes. Caliente 1 cucharada de aceite de oliva en una sartén y fría 250 g de champiñones cortados en 4 trozos durante 4 o 5 minutos, hasta que se ablanden y se doren. Agréguelos a la sartén con la mezcla de huevo y continúe como se indica en la receta, espolvoreando la *frittata* con el parmesano antes de introducirla en el grill. Sírvala cortada en trozos grandes, fría o caliente.

comidas
estilo cafetería

# *nuggets* de pollo ligeramente sazonados

**4 raciones**
tiempo de preparación
  **15 minutos**
tiempo de cocción
  **15-20 minutos**

50 g de **harina**
4 **pechugas de pollo** de 150 g
  sin hueso ni piel, cortadas
  en trozos pequeños
1 **huevo**, batido
150 g de **pan integral rallado**
1 cucharadita de **especias cajún**
2 cucharadas de **perejil** picado
**kétchup** (*véanse* págs. 26-27),
  para remojar

**Ponga** la harina en un plato y reboce los trozos de pollo.

**Vierta** el huevo batido en un plato; mezcle el pan rallado
con las especias cajún y el perejil en otro plato. Reboce
los trozos de pollo con el huevo batido; después, páselos
por el pan rallado sazonado y colóquelos en una placa
de horno grande.

**Introduzca** los *nuggets*, o bocaditos de pollo rebozados, en
el horno, precalentado a 200 °C, y déjelos de 15 a 20 minutos,
hasta que estén dorados y hechos.

**Sírvalos** calientes y, si lo desea, acompañados de kétchup
para remojar.

**Para preparar *goujons* (bocaditos empanados) de salmón**,
sustituya las pechugas de pollo por filetes de salmón. Corte
los filetes en trozos o en tiras y rebócelos con el pan rallado
sazonado con el perejil, como se indica en la receta, y la
ralladura de 1 limón en lugar de con especias cajún. Hornéelos
entre 10 y 15 minutos, y sírvalos acompañados de mayonesa
sazonada con el jugo del limón.

# pizza de jamón y piña

**4 raciones**
tiempo de preparación
   **25 minutos**, más tiempo
   de levado
tiempo de cocción, **20 minutos**
   aproximadamente

250 g de **harina integral
   sin levadura**
½ cucharadita de **sal**
1 cucharadita de **levadura
   seca**
150 ml de **agua** tibia
1 cucharada de **aceite de oliva**,
   y un poco más para untar

para la **cobertura**
2 cucharadas de **aceite de oliva**
1 **cebolla** pequeña, picada fina
150 ml de *passata* **de tomate**
3 cucharadas de **concentrado
   de tomate**
3 lonchas de **jamón dulce**
   de buena calidad, gruesas
   y cortadas en tiras
2 rodajas gruesas de **piña** fresca,
   en pedazos
150 g de **mozzarella**, en rodajas
**hojas de tomillo**, para decorar
   (opcional)

**Tamice** la harina junto con la sal en un cuenco; añada la levadura y mézclelas bien. Abra un hueco en el centro y vierta el agua y el aceite. Remueva hasta obtener una masa húmeda y golpéela durante 2 minutos. Colóquela sobre una superficie bien enharinada y trabájela hasta que quede suave y elástica. Estírela con un rodillo hasta formar un círculo de 30 cm de diámetro y, luego, colóquela en una placa de horno ligeramente untada con aceite. Cúbrala con film transparente untado con un poco de aceite y déjela en un lugar cálido mientras prepara la cobertura.

**Caliente** 1 cucharada de aceite de oliva en una sartén pequeña y sofría la cebolla durante 2 o 3 minutos a fuego moderado. Retire la sartén del fuego y agregue la *passata* y el concentrado de tomate. Distribuya la salsa sobre la base de la pizza dejando un borde de 2,5 cm y esparza el jamón dulce por encima.

**Mezcle** los pedazos de piña con el resto del aceite de oliva y reparta la preparación por encima del jamón. Luego, cúbralo todo con la mozzarella e introduzca la pizza en el horno, precalentado a 220 °C, y déjela de 15 a 18 minutos, hasta que se dore. Si lo desea, aderécela con unas hojas de tomillo.

**Para preparar pizza de pollo y chorizo**, sustituya el jamón y la piña por 2 pechugas de pollo de 150 g, sin hueso ni piel, y 100 g de chorizo, ambos cortados en rodajas finas. Caliente 1 cucharada de aceite de oliva en una sartén y fría el pollo a fuego moderado de 3 a 4 minutos. Incorpore el chorizo y fría durante 1 minuto más. Mézclelo con 3 cucharadas de albahaca fresca y distribúyalo sobre la base de la pizza. Cubra con la mozzarella y prescinda del tomillo.

# broquetas de pollo *satay*

**4 raciones**
tiempo de preparación
**20 minutos**, más tiempo
  de adobo
tiempo de cocción **8-10 minutos**

6 cucharadas de **salsa de soja**
  **oscura**
2 cucharadas de **aceite**
  **de sésamo**
1 cucharadita de **cinco**
  **especias chinas en polvo**
375 g de **pechuga de pollo**,
  sin hueso ni piel, cortada
  en tiras largas y finas

para la **salsa**
4 cucharadas de **mantequilla**
  **de cacahuete**
1 cucharada de **salsa de soja**
  **oscura**
½ cucharadita de **cilantro**
  **en polvo**
½ cucharadita de **comino**
  **en polvo**
una pizca de **pimentón**
  o de **guindilla en polvo**
8 cucharadas de **agua**
**pepino**, cortado en tiras,
  para servir

**Mezcle** la salsa de soja, el aceite de sésamo y las cinco especias chinas en polvo en un cuenco. Añada el pollo y deje que se impregne bien con el adobo. Cúbralo y déjelo reposar durante 1 hora, removiéndolo de vez en cuando.

**Ensarte** las tiras de pollo, en zigzag, en 10 broquetas de bambú mojadas (ponerlas en remojo en agua tibia durante 30 minutos evitará que se quemen en el grill) y colóquelas bajo el grill caliente de 8 a 10 minutos, dándoles la vuelta una vez, hasta que la carne esté hecha y dorada.

**Mientras tanto**, ponga todos los ingredientes de la salsa en una cacerola pequeña y caliéntelos, sin dejar de remover, hasta que se hayan mezclado y estén calientes. Viértala en un cuenco pequeño.

**Coloque** el cuenco con la salsa en un plato de servir con las tiras de pepino a un lado y las broquetas de pollo calientes a su alrededor.

**Para preparar broquetas de cerdo *satay***, en lugar de pollo, utilice 375 g de filetes de cerdo, cortados a lo largo, en tiras largas, y continúe como se indica en la receta. Para los niños a los que les guste el picante, fría ½ guindilla roja pequeña, picada fina, en 1 cucharada de aceite vegetal y añádala a la mantequilla de cacahuete.

# hamburguesitas de bistec

142

para **8 hamburguesitas**
tiempo de preparación
**10 minutos**, más tiempo
de refrigerado
tiempo de cocción
**12-15 minutos**

375 g de **carne picada de
ternera**, de buena calidad
2 cucharadas de **kétchup**
1 cucharada de **mostaza
a la antigua**
3 cucharadas de **cebollino**
picado
1 cucharada de **aceite de oliva**
100 g de **champiñones**
laminados
8 lonchas finas de **queso gruyer**

para **servir**
4 **minipanecillos para
hamburguesas** cortados
por la mitad
**kétchup** o **salsas**

**Ponga** la carne picada en un cuenco junto con el kétchup, la mostaza y el cebollino. Mézclelo todo muy bien con la ayuda de un tenedor. Forme 8 hamburguesitas y colóquelas en un plato. Cúbralas con film transparente y déjelas en la nevera durante 30 minutos para que se asienten.

**Caliente** el aceite en una sartén grande o en una plancha y fría los champiñones a fuego fuerte 3 o 4 minutos, hasta que se ablanden y se doren; luego, retírelos de la sartén con una espumadera. Incorpore las hamburguesas a la sartén y fríalas a fuego moderado durante 4 o 5 minutos, hasta que estén doradas y hechas por dentro. Coloque 1 loncha de queso gruyer sobre cada hamburguesa y cubra éstas con papel de hornear durante 1 minuto para que el queso se ablande.

**Disponga** las hamburguesitas sobre las bases de los panecillos y, después, ponga los champiñones por encima con una cuchara. Unte la parte superior de cada uno de los panecillos con kétchup o con la salsa que el niño prefiera. Coloque la parte superior del panecillo y sirva.

**Para preparar hamburguesitas de cerdo con manzana**, sustituya la carne picada de ternera por 375 g de carne picada de cerdo de buena calidad. Retire el corazón a 1 manzana y rállela, sin pelar. Luego, añádala a la carne picada junto con la mostaza y el cebollino y mézclelo bien con un tenedor. Forme 8 hamburguesitas y siga como se indica en la receta.

# fideos con cerdo agridulce

**4 raciones**
tiempo de preparación
**15 minutos**
tiempo de cocción
**12-16 minutos**

8 cucharadas de **kétchup**
3 cucharadas de **azúcar moreno**
2 cucharadas de **vinagre de vino blanco**
175 g de **fideos al huevo** medianos
2 cucharadas de **aceite de sésamo**
375 g de **cerdo** magro, cortado en tiras
1 trozo de 2,5 cm de **jengibre** fresco, pelado y picado
1 **diente de ajo**, majado
125 g de **tirabeques**, cortados por la mitad, a lo largo
1 **zanahoria** grande, cortada en tiras
175 g de **brotes de soja**
200 g de **brotes de bambú** de lata, escurridos

**Vierta** el kétchup, el azúcar y el vinagre en una cacerola pequeña y caliéntelos a fuego suave durante 2 o 3 minutos, hasta que el azúcar se haya disuelto. Reserve la mezcla.

**Cueza** los fideos de 3 a 5 minutos o según las instrucciones del paquete, hasta que estén tiernos; después, escúrralos y resérvelos.

**Caliente** el aceite en un wok o en una sartén grande de fondo grueso y sofría las tiras de cerdo a fuego fuerte 2 o 3 minutos, hasta que empiecen a dorarse. Luego, agregue el jengibre, el ajo, los tirabeques y la zanahoria. Saltee 2 minutos más; agregue los brotes de soja y bambú y cueza durante 1 minuto, hasta que todos los ingredientes estén bien calientes.

**Incorpore** los fideos escurridos con la salsa y mézclelos sobre el fuego, con la ayuda de 2 cucharas para que todo se caliente de manera uniforme. Sirva los fideos en cuencos calientes.

**Para preparar salteado de gambas con salsa de soja espesa**, caliente el aceite y sofría el jengibre, el ajo, los tirabeques y la zanahoria durante 2 o 3 minutos; añada los brotes de soja y bambú junto con 250 g de gambas y saltee 1 o 2 minutos. Sustituya los ingredientes de la salsa por 150 ml de salsa de soja, calentada a fuego suave en una cacerola pequeña. Agregue 1 cucharada de maicena mezclada con 2 cucharadas de agua y ½ cucharadita de cinco especias chinas en polvo. Remueva la salsa hasta que esté caliente y haya espesado. Retírela del fuego, incorpórela al salteado y sírvalo.

# tostadas de gambas

**4 raciones**

tiempo de preparación
**15 minutos**

tiempo de cocción, **5 minutos**
aproximadamente

175 g de **gambas**

1 trozo de 2,5 cm de **jengibre**
fresco, pelado y rallado fino

1 **cebolleta**, picada fina

1 **clara de huevo**, batida

1 cucharada de **maicena**

1 cucharadita de **aceite**
**de sésamo**

1 cucharadita de **salsa de soja**
**oscura**, y un poco más
para servir

4 rebanadas de grosor medio
de **pan de molde integral**

4 cucharadas de **semillas**
**de sésamo**

6 cucharadas de **aceite vegetal**

**Pase** las gambas por un robot de cocina junto con el jengibre, la cebolleta, la clara de huevo, la maicena, el aceite de sésamo y la salsa de soja y tritúrelos hasta obtener una pasta espesa.

**Extienda** la pasta sobre cada una de las rebanadas de pan de molde. Ponga las semillas de sésamo en un plato grande y las tostadas, con el lado de las gambas hacia abajo, contra las semillas para que se cubran ligeramente.

**Caliente** 2 cucharadas del aceite vegetal en una sartén grande de fondo grueso y fría 2 tostadas de gambas, con el lado de las gambas hacia abajo, de 1 a 2 minutos, hasta que se doren. Luego, deles la vuelta y fríalas 1 minuto por el otro lado para dorarlo. Limpie la sartén con papel de cocina, caliente el resto del aceite y repita la operación con las demás tostadas. Escúrralas sobre papel de cocina y córtelas en triángulos.

**Sírvalas** con abundante salsa de pepino y maíz (*véase* inferior), si lo desea.

**Para preparar salsa de pepino y maíz**, como acompañamiento, pique fino ¼ de pepino y póngalo en un cuenco junto con 4 cucharadas de cilantro fresco picado y 200 g de maíz en lata escurrido. Luego, pique fino ½ pimiento rojo, añádalo a la mezcla y agregue 1 cucharada salsa de guindilla dulce e incorpórela. Extienda la salsa sobre las tostadas de gambas y sésamo con la ayuda de una cuchara y sírvalas.

# cucuruchos con pescado y patatas

**4 raciones**
tiempo de preparación
**20 minutos**
tiempo de cocción,
**30-40 minutos**
aproximadamente

750 g de **patatas**, cortadas
en tiras gruesas
2 cucharadas de **aceite de oliva**
125 g de **pan rallado integral**
la ralladura de 1 **limón**
3 cucharadas de **perejil** picado
4 **filetes de pescado blanco**
gruesos, de 150 g cada uno
cortado en 4 trozos gruesos
(tiras de 5 o 6 cm)
50 g de **harina**
1 **huevo**, batido
**kétchup** (*véanse* págs. 26-27),
para servir

**Mezcle** las tiras de patatas con el aceite de oliva e introdúzcalas en el horno, precalentado a 200 °C, de 30 a 40 minutos, dándoles la vuelta de vez en cuando, hasta que estén doradas y crujientes.

**Mientras tanto**, incorpore en un plato el pan rallado con la ralladura de limón y el perejil. Pase primero los trozos de pescado por un poco de harina; después, por el huevo batido y, por último, por el pan rallado. Cuando a las patatas les falten 20 minutos de cocción, colóquelos en una placa de horno y cocínelos en el horno, precalentado a 200 °C, hasta que adquieran un tono opaco y estén cocidos.

**Enrolle** en forma de cucurucho 4 hojas de papel tamaño A5 y péguelas con celo. Luego, póngalos en un soporte para botellas para llenarlos con patatas y coloque 4 trozos de pescado encima. Deje que los niños coman este saludable plato con las manos y acompáñelo de kétchup, ¡para que no falte nada!

**Para preparar salsa de mayonesa con limón**, que es otra opción para acompañar este plato, ponga 1 huevo, 150 ml de aceite de oliva y 1 cucharada de vinagre de vino blanco en una jarra y bátalos con una batidora de mano hasta conseguir una mayonesa espesa. Agregue y mezcle la ralladura de 1 limón pequeño, 2 cucharadas del jugo del limón y la misma cantidad de perejil picado.

# fajitas de pollo sin picante

4 raciones
tiempo de preparación
**20 minutos**
tiempo de cocción, **5 minutos**
aproximadamente

½ cucharadita de **cilantro en polvo**
½ cucharadita de **comino en polvo**
½ cucharadita de **pimentón en polvo**
1 **diente de ajo**, majado
3 cucharadas de **cilantro fresco** picado
375 g de **pechuga de pollo**, sin hueso ni piel, cortada en tiras pequeñas
1 cucharada de **aceite de oliva**
4 **tortillas de harina**
**crema agria**, para servir (opcional)

para el **aderezo**
3 **tomates** maduros grandes, picados finos
3 cucharadas de **cilantro fresco** picado
⅛ de **pepino** picado fino
1 cucharada de **aceite de oliva**

para el **guacamole**
1 **aguacate** grande, cortado en trozos grandes
la ralladura y el jugo de ½ **lima**
2 cucharaditas de **salsa de guindilla dulce** (opcional)

**Ponga** todos los condimentos en polvo, el ajo y el cilantro en un cuenco grande. Pase las tiras de pollo, primero por el aceite de oliva y después por los condimentos para cubrirlas ligeramente.

**Prepare** el aderezo mezclando en un cuenco los tomates, el cilantro y el pepino y rociándolos después con aceite de oliva. Sírvalo en un cuenco

**Prepare** el guacamole triturando el aguacate junto con la ralladura y el jugo de lima y, si lo desea, la salsa de guindilla dulce, hasta que se ablande y tenga una textura grumosa. Póngalo en un cuenco de servir.

**Caliente** una plancha o una sartén de fondo grueso y cocine en ella las tiras de pollo durante 3 o 4 minutos, dándoles la vuelta de vez en cuando, hasta que estén doradas y cocidas. Rellene las tortillas de harina con las tiras de pollo calientes, el aderezo y el guacamole y dóblelas por la mitad dos veces para formar una especie de triángulo. Si lo desea, rocíe con un poco de crema agria con la ayuda de una cuchara.

**Para preparar fajitas de ternera**, en vez de pollo, utilice filete o solomillo de ternera, cortado en tiras pequeñas. Si lo desea, puede elaborar otra versión de la receta un poco más picante sustituyendo el pimentón por guindilla suave en polvo.

# hojaldres de beicon y queso

**6 raciones**
tiempo de preparación
   **15 minutos**
tiempo de cocción
   **20-25 minutos**

500 g de **hojaldre**
**harina**, para espolvorear
2 cucharaditas de **mostaza**
   **de Dijon** (opcional)
50 g de **queso gruyer**,
   en lonchas finas
50 g de **queso cheddar**,
   en lonchas finas
3 cucharadas de **perejil** picado
6 lonchas finas de **beicon magro**
**huevo** batido

**Estire** la masa de hojaldre con un rodillo sobre una superficie ligeramente enharinada hasta formar un rectángulo de 30 × 45 cm y córtelo en 6 cuadrados de 15 cm.

**Unte** toda la masa con una capa fina de mostaza y disponga las lonchas de queso gruyer y de cheddar sobre cada uno de los cuadrados de masa en línea diagonal. Esparza el perejil picado y agregue el beicon. Pinte los bordes de los cuadrados con un poco de agua tibia y, después doble una de las esquinas opuestas formando triángulos y presione los bordes con un tenedor para sellarlos.

**Pinte** los hojaldres con un poco de huevo batido e introdúzcalos en el horno, precalentado a 200 °C, de 20 a 25 minutos, hasta que se doren. Sírvalos calientes.

**Para preparar hojaldres de queso *halloumi* y tomate**, sustituya el beicon y los dos quesos por 175 g de queso *halloumi* en lonchas finas y 125 g de tomates cereza cortados por la mitad. Dispóngalos sobre la masa de hojaldre untada con mostaza; esparza el perejil picado y hornee como se indica en la receta, hasta que los hojaldres estén dorados.

# tentempiés
# estupendos

# galletitas de copos de avena, plátano y pasas

para **12 galletitas**
tiempo de preparación
   **10 minutos**
tiempo de cocción **10 minutos**

150 g de **mantequilla**
150 ml de **jarabe de arce**
125 g de **pasas**
2 **plátanos** grandes,
   bien triturados
375 g de **copos de avena**

**Ponga** la mantequilla en una sartén de tamaño mediano, junto con el jarabe de arce, y derrítala a fuego suave. Añada, mientras remueve, las pasas y retire la sartén del fuego. Incorpore los plátanos y mezcle bien. Agregue los copos de avena y remueva bien hasta que éstos se cubran con la preparación.

**Distribuya** la mezcla con una cuchara en un molde antiadherente para bizcochos de 28 × 18 cm y nivele la superficie con la ayuda de un prensapatatas. Introdúzcala en el horno, precalentado a 190 °C, y déjela durante 10 minutos, hasta que la parte superior empiece a adquirir un tono dorado claro. La preparación aún estará un poco blanda.

**Deje** que se enfríe durante 10 minutos en el molde antes de cortarla en 12 cuadrados. Desmóldelos y déjelos enfriar del todo.

**Para preparar galletitas de copos de avena y jengibre**, añada 1 cucharadita de jengibre en polvo a la mantequilla derretida y al jarabe de arce. Sustituya los plátanos por 75 g de jengibre picado fino. Agregue las pasas y mezcle; distribuya la preparación en el molde y nivélelo. Siga como se indica en la receta.

# monstruitos de pan

para **8 monstruitos**

tiempo de preparación
**30 minutos**, más tiempo
de levado

tiempo de cocción
**15-20 minutos**

350 g de **harina bizcochona**,
y un poco más para
espolvorear
1 cucharadita de **sal**
3 g de **levadura seca**
1 cucharada de **aceite vegetal**
200 ml de **agua tibia**
12 **pasas de Corinto**, cortadas
por la mitad, para los ojos
y la boca
1 **huevo**, batido

**Tamice** la harina con la sal en un cuenco grande y agregue la levadura, el aceite y el agua tibia. Mézclelos con una cuchara de madera y, después, trabaje la preparación con las manos hasta obtener una masa firme. Si la mezcla está demasiado seca para trabajarse, añada un poco más de agua, y si se pega a las manos, añada un poco más de harina.

**Coloque** la masa sobre una superficie bien enharinada y trabájela enérgicamente durante al menos 5 minutos; después, divídala en 8 porciones iguales y deles forma de bola. Haga un hocico puntiagudo en un lado de cada bola y colóquelas en una placa de horno forrada con papel de hornear, asegurándose de dejar suficiente espacio entre ellas, ya que su tamaño se duplicará. Hágales pequeñas púas con la ayuda de la punta de unas tijeras y utilice las pasas de Corinto cortadas por la mitad para ponerles ojos y boca.

**Tape** los panecillos con un paño de cocina limpio y déjelos reposar en un lugar cálido durante 1 hora.

**Pinte** los panecillos con el huevo batido e introdúzcalos en el horno, precalentado a 230 °C, de 15 a 20 minutos. Si están hechos, sonarán hueco al darles golpecitos en la base (no se olvide de utilizar una manopla para agarrarlos, ya que estarán calientes). Póngalos a enfriar en una rejilla de horno.

**Para preparar un tentempié de panecillos dulces**, añada 250 g de frutas secas variadas a los ingredientes secos, junto con 2 cucharaditas de canela en polvo y 3 cucharadas de azúcar. Siga como se indica en la receta. Luego, deje que se enfríen y sírvalos fríos o calientes; córtelos por la mitad y úntelos con una capa fina de mantequilla sin sal.

# una tarta de cumpleaños muy feliz

**12 raciones**
tiempo de preparación
**25 minutos**
tiempo de cocción
**35-40 minutos**

175 g de **margarina ablandada**,
y un poco más para engrasar
175 g de **azúcar**
2 cucharaditas de **esencia
de vainilla**
300 g de **harina bizcochona**
2 cucharaditas de **levadura
en polvo**
3 **huevos**
50 g de **arroz molido**
150 ml de **yogur natural
desnatado**
175 g de **fresas**, cortadas
en trozos pequeños
300 ml de **crema de leche
espesa**
3 cucharadas de **mermelada
de fresa baja en azúcar**

**Unte** 2 moldes para pasteles, redondos y con bases desmontables, con un poco de margarina y forre las bases con papel de hornear. Bata la margarina con el azúcar en un robot de cocina, junto con la esencia de vainilla, hasta que no queden grumos.

**Tamice** la harina y la levadura en polvo sobre la mezcla batida. Agregue los huevos, el arroz molido y el yogur y bátalos hasta que quede una preparación cremosa. Incorpore las fresas.

**Reparta** la mezcla entre los moldes e introdúzcalos en el horno precalentado a 180 °C, de 35 a 40 minutos, hasta que haya subido, esté dorada y sea elástica al tacto. Déjelos en los moldes durante 10 minutos antes de colocarlos sobre una rejilla de horno para dejar que se enfríen del todo; retire el papel de hornear.

**Monte** la crema de leche a punto de nieve, hasta que se formen picos suaves. Corte la parte superior a uno de los bizcochos para nivelarlo y, después, úntelo primero con la mermelada de fresa y luego con la mitad de la crema de leche, hasta los bordes. Distribuya $2/3$ de las fresas, coloque el otro bizcocho encima, úntelo con el resto de la crema y distribuya las fresas restantes (o dibuje con ellas las iniciales de su hijo).

**Para preparar una tarta de cumpleaños de chocolate**, sustituya 25 g de la harina por cacao en polvo y siga la receta. Prescinda de la mermelada y utilice únicamente la crema de leche para rellenar la tarta. Y, en lugar de fresas, emplee 200 g de cereales con miel recubiertos de chocolate, ligeramente machacados, para rellenar y decorar la tarta.

# *snack* de Santa Claus reno Rudolf

para unas **14 galletas**
tiempo de preparación
   **15 minutos**
tiempo de cocción **15 minutos**

50 g de **copos de maíz**
100 g de **margarina**
   o **mantequilla**, ablandada
75 g de **azúcar**
1 **yema de huevo**
unas gotas de **esencia
   de vainilla**
125 g de **harina bizcochona**
25 g de **maicena**
7 **cerezas confitadas**, cortadas
   por la mitad, para decorar

**Introduzca** los copos de maíz en una bolsa de plástico
y macháquelos con las manos o golpéelos con un rodillo;
luego, vuélquelos en un plato y resérvelos.

**Ponga** la mantequilla y el azúcar en un cuenco grande
y bátalos con una cuchara de madera hasta que la mezcla
adquiera un tono claro y una textura suave y esponjosa.
Agregue la yema de huevo y la esencia de vainilla y remueva
bien. Tamice la harina junto con la maicena e incorpore
con los demás ingredientes.

**Tome** porciones de la mezcla del tamaño de una nuez
y haga unas 14 bolas. Rebócelas con los copos de maíz
machacados hasta que queden cubiertas y luego colóquelas,
bien separadas entre sí, en una placa de horno forrada con
papel de hornear y corónelas con la mitad de una cereza
confitada.

**Coloque** las galletas en el horno, precalentado a 190 °C,
durante 15 minutos o hasta que tengan un color marrón
dorado claro. Retírelas del horno y resérvelas unos minutos
antes de ponerlas en una rejilla para que se enfríen por
completo.

**Para preparar *snack* de Santa Claus de chocolate
con nieve**, añada a la mezcla 50 g de pepitas de chocolate
sin leche junto con la harina y la maicena, y agregue
1 cucharada de cacao en polvo. Remueva los ingredientes
y continúe como se indica en la receta. Una vez hechas
las galletas, espolvoréelas con un poco de azúcar de lustre
para que parezca nieve.

# ensalada de melón y piña

**4 raciones**
tiempo de preparación
**10 minutos**

½ **melón cantalupo**, sin piel
ni pepitas y en dados
½ **piña** pequeña, sin piel
y en dados
la ralladura de 1 **lima**
2 cucharaditas de **fructosa**
1 **lima**, las rodajas cortadas
en gajos, para decorar

**Ponga** los dados del melón y de la piña en un cuenco.

**Mezcle** bien la ralladura de lima con la fructosa y espolvoree
la fruta con la preparación. Mezcle bien los ingredientes.
Al cabo 1 hora, aproximadamente, la fructosa se habrá disuelto.

**Decore** la ensalada con las rodajas de lima y sírvala.

**Para preparar ensalada de sandía, pera y fresas**,
corte ½ sandía pequeña en dados y póngala en un recipiente.
Mézclela con 2 peras, peladas, sin semillas y cortadas en
rodajas, y 175 g de fresas silvestres, sin pedúnculo y cortadas
por la mitad. Añada y mezcle 3 cucharadas de zumo de naranja
y decore la ensalada con rodajas de naranja o de clementina.

# cuadraditos de arándanos y queso fresco

**12 raciones**
tiempo de preparación
**20 minutos**
tiempo de cocción **20 minutos**

175 g de **mantequilla**, ablandada
75 g de **azúcar moreno**
375 g de **queso fresco**
2 cucharaditas de **esencia de vainilla**
3 **huevos**
175 g de **harina**
175 g de **harina integral**
175 g de **arándanos**
75 g de **azúcar de lustre**, tamizado
½ cucharadita de **canela en polvo** (opcional)

**Unte** un molde hondo para bizcochos de 28 × 18 cm con un poco de mantequilla y forre la base con papel de hornear.

**Bata** 150 g de mantequilla en un cuenco, con la ayuda de una cuchara de madera, hasta que tenga una textura suave. Incorpore el azúcar, 150 g del queso fresco y la esencia de vainilla y siga batiendo. Agregue los huevos y tamice las harinas. Mezcle bien.

**Incorpore** los arándanos, vuelque la preparación en el molde preparado y nivélela. Después, introdúzcala en el horno, precalentado a 180 °C, durante 20 minutos, hasta que esté dorada y resulte firme al tacto. Deje que el pastel se enfríe 10 minutos en el molde antes de desmoldarlo y colocarlo en una rejilla de horno para que se enfríe por completo.

**Bata** el resto del queso fresco y la mantequilla junto con el azúcar de lustre tamizado y, si lo desea, la mitad de la canela en polvo. Extienda esta mezcla sobre el pastel. Córtelo en 12 cuadrados y, si lo prefiere, espolvoréelos además con la canela restante.

**Para preparar cuadraditos de frambuesa y naranja**, agregue la ralladura de ½ naranja a la mezcla batida de mantequilla, azúcar y queso fresco y sustituya los arándanos por 125 g de frambuesas, mezclándolas para que no se rompan. Siga como se indica en la receta y prepare la misma cobertura, pero reemplace la canela por la ralladura de la mitad restante de la naranja, y extiéndala sobre el pastel.

# espirales de queso

para unas **15 espirales**
tiempo de preparación
  **15 minutos**
tiempo de cocción **8-12 minutos**

50 g de **queso cheddar**, rallado
75 g de **harina bizcochona**,
  y un poco más para
  espolvorear
½ cucharadita de **mostaza
  en polvo**
50 g de **mantequilla** helada,
  en dados
1 **yema de huevo**

**Ponga** el queso cheddar en un cuenco grande y, después, tamice la harina y la mostaza en polvo. Incorpore la mantequilla y amalgame el queso, la mantequilla y la harina con las yemas de los dedos, hasta que la mantequilla se haya deshecho e impregnado de harina y la mezcla se parezca a unas migas de pan finas. Agregue la yema de huevo y remueva la preparación con una cuchara de madera hasta obtener una masa consistente.

**Estírela** con un rodillo sobre una superficie bien enharinada hasta que tenga 5 mm de grosor. Luego, con un cuchillo afilado, corte la masa en 15 tiras largas de aproximadamente 1 cm de ancho. Retuerza cada una de ellas con cuidado, formando espirales, antes de colocarlas sobre una placa de horno forrada con papel de hornear.

**Introduzca** las espirales en el horno, precalentado a 220 °C, de 8 a 12 minutos, hasta que se doren y, después, retírelas del horno y deje que se enfríen en la placa.

**Para preparar espirales de espinacas y parmesano**, ponga la harina en un robot de cocina junto con 1 puñado de espinacas y triture hasta que quede una mezcla fina y de color verde. Añada el resto de los ingredientes y, en lugar de queso cheddar, utilice parmesano recién rallado. Continúe como se indica en la receta.

# receta de pan de calabacín de la abuela

**8-10 raciones**

tiempo de preparación
   **30 minutos**
tiempo de cocción,
   **1 hora y 15 minutos**
   aproximadamente

275 g de **harina bizcochona**
1 cucharadita de **levadura en polvo**
2 cucharaditas de **especias variadas**
2 **calabacines**, rallados
125 g de **azúcar moreno**
1 **huevo**
75 ml de **leche**
75 g de **mantequilla**,
   y un poco más para untar
75 g de **pasas**
75 g de **nueces**, picadas

para la **cobertura**
50 g de **harina**
25 g de **azúcar moreno**
½ cucharadita de **especias variadas**
50 g de **mantequilla** helada,
   en dados
50 g de **nueces**, picadas finas

**Unte** un molde para pan de 1 kg con un poco de mantequilla y forre la base con papel de hornear. Tamice la harina, la levadura en polvo y las especias variadas en un cuenco grande y agregue los calabacines y el azúcar y remueva bien.

**Bata** el huevo con la leche en una jarra. Luego, derrita la mantequilla en una cacerola pequeña, añada las pasas y mézclelas bien durante unos segundos a fuego suave para que aumenten de tamaño. Vierta la mantequilla fundida y la preparación de huevo y leche en el cuenco y remueva hasta que los ingredientes estén bien mezclados. Agregue las nueces y vuelva a remover antes de poner la preparación en el molde y nivelarla.

**Elabore** la cobertura de *streusel*: mezcle la harina con el azúcar y las especias variadas y, luego, amalgame la mantequilla con los ingredientes secos con las yemas de los dedos hasta que la mezcla se parezca a unas migas de pan finas. Agregue, sin dejar de remover, las nueces y, después, vuelque la mezcla sobre el pan.

**Introduzca** el pan en el horno, precalentado a 180 °C, y déjelo de 1 hora a 1 hora y 10 minutos, hasta que haya subido por completo, sea firme al tacto y al insertar una broqueta ésta salga limpia. Deje que se enfríe en el molde durante 10 minutos antes de desmoldarlo y ponerlo en una rejilla de horno para que se enfríe por completo.

**Para preparar pan esponjoso de mango**, sustituya los calabacines, las pasas y las nueces por 200 ml de puré de mango, 1 cucharadita de esencia de vainilla y ½ mango, cortado en trozos grandes, e incorpórelos a la mezcla líquida. Cúbralo con la misma cobertura de *streusel*, pero hornéelo de 40 a 45 minutos.

# tesoros morados

**4 raciones**
tiempo de preparación
**15 minutos**
tiempo de cocción **2 minutos**

125 g de **chocolate blanco**,
a temperatura ambiente
2 cucharadas de **leche**
150 ml de **crema de leche**
**espesa**
150 g de **moras**
1 cucharada de **miel líquida**
1 **clara de huevo**

**Parta** ¼ del chocolate blanco y, con un pelapatatas, haga unas cuantas virutas para la decoración de los postres.

**Ponga** el resto del chocolate en un cuenco refractario pequeño; añada la leche e introdúzcalo en el microondas a máxima potencia durante 2 minutos. Déjelo reposar 1 minuto y, después, remuévalo. Si quedan grumos, vuelva a meterlo en el microondas durante 30 segundos, hasta que se hayan disuelto (también puede poner el chocolate junto con la leche en un cuenco refractario pequeño y derretirlo al baño María en una cacerola pequeña). Agregue, sin dejar de remover, la crema de leche; vierta la mezcla en un cuenco frío para que se enfríe por completo y, luego, introdúzcala en el congelador durante 5 minutos.

**Reserve** 4 moras y triture el resto en un robot de cocina, junto con la miel, hasta obtener un puré. Cuélelo sobre un cuenco con un colador fino y vaya presionando con el dorso de una cuchara de postre para aprovecharlo al máximo y desechar las semillas.

**Bata** la clara de huevo a punto de nieve suave.

**Saque** la crema de chocolate del congelador y bátala hasta que empiece a espesar (le puede llevar unos minutos). Agregue y mezcle suavemente la clara de huevo.

**Ponga** la mitad de la preparación de chocolate, con la ayuda de una cuchara, en 4 platitos o tacitas y distribuya el puré de moras. Cubra los postres con el resto de la mezcla de chocolate y remuévalos un poco con la parte superior de una cuchara de postre para que se forme una espiral con el puré de moras. Decórelos con las moras reservadas y las virutas de chocolate y déjelos en la nevera hasta que los vaya a servir.

# cuadraditos de muesli

para **12 cuadraditos**

tiempo de preparación
  **15 minutos**, más tiempo
  de refrigerado

tiempo de cocción **20 minutos**

175 g de **mantequilla**,
  y un poco más para untar
150 ml de **miel líquida**
2 cucharadas de **jarabe de arce**
1 cucharadita de **canela
  en polvo**
125 g de **orejones de
  albaricoque**, cortados
  en trozos grandes
100 g de **mango seco**
  o **papaya seca**, cortado
  en trozos grandes
125 g de **pasas**
4 cucharadas de **pipas
  de calabaza**
2 cucharadas de **semillas
  de sésamo**
3 cucharadas de **pipas
  de girasol**
75 g de **pacanas**, cortadas
  en trozos grandes
275 g de **copos de avena**

**Unte** con mantequilla un molde hondo para bizcochos de 28 × 18 cm y forre la base con papel de hornear.

**Ponga** la mantequilla, la miel y el jarabe de arce en una cacerola de tamaño mediano y caliéntelos, sin dejar de remover, hasta que se derrita la mantequilla. Añada la canela, las frutas secas, las pipas, las semillas y las pacanas; remuévalas y deje que se calienten 1 minuto. Retire la cacerola del fuego y agregue los copos de avena, sin dejar de remover, hasta que estén bien impregnados del jarabe.

**Vuelque** la mezcla en el molde preparado y alísela con el dorso de una cuchara para comprimirla y nivelarla. Luego, introdúzcala en el horno, precalentado a 180 °C, y déjela durante 15 minutos, hasta que la parte superior empiece a dorarse. Retírela del horno y deje que se enfríe en el molde antes de refrigerarla de 30 a 60 minutos.

**Coloque** la tableta de muesli fría al revés sobre una tabla de cortar y dele la vuelta. Con un cuchillo largo y afilado (a ser posible, más largo que la tableta), córtela en 12 cuadrados.

**Para preparar cuadraditos de muesli con chocolate y frutas secas**, en lugar de incluir las pacanas, las pipas y las semillas, añada 75 g de manzanas secas, cortadas en trozos grandes. Una vez enfriada la tableta de muesli, rocíela con 50 g de chocolate blanco fundido. Introdúzcala en la nevera 10 minutos para que se solidifique y, después, córtela en cuadraditos.

# pastel de chocolate y mantequilla de cacahuete

para **1 pastel de 1 kg**
tiempo de preparación
  **15 minutos**
tiempo de cocción, **1 hora**
  aproximadamente

125 g de **harina**

50 g de **harina integral**

1 cucharadita de **levadura en polvo**

3 cucharadas de **azúcar de caña**

100 g de **mantequilla de cacahuete**

125 g de **mantequilla**, ablandada

3 **huevos**, ligeramente batidos

1 cucharadita de **extracto de vainilla**

50 ml de **jugo de manzana**

100 g de **pepitas de chocolate amargo** o **chocolate amargo** picado fino

1 **manzana** grande, pelada, sin corazón y troceada

**Forre** un molde para pan de 1 kg con papel de hornear. Tamice las harinas y la levadura en polvo en un cuenco grande. Agregue y mezcle el azúcar, la mantequilla de cacahuete, la mantequilla, los huevos, el extracto de vainilla y el jugo de manzana.

**Ponga** la preparación, con la ayuda de una cuchara, en el molde preparado e introdúzcala en el horno, precalentado a 180 °C, durante 1 hora. Para comprobar que el pastel está hecho, introduzca una broqueta en el centro; si sale limpia, estará en su punto, pero, si se pega a ella, le faltarán 10 minutos más.

**Retire** el pastel del horno y colóquelo en una rejilla. Luego, retire el papel de hornear y deje que se enfríe. Sírvalo en rebanadas.

**Para preparar pastel de miel**, sustituya la mantequilla de cacahuete por 125 g de miel espesa y prescinda del chocolate. Rocíelo con 2 cucharadas de miel líquida antes de servirlo.

# magdalenas de avena con cerezas y pasas

para **12 magdalenas**
tiempo de preparación
**15 minutos**
tiempo de cocción
**20-25 minutos**

125 g de **salvado de avena**
250 g de **harina bizcochona**
1 cucharadita de **levadura en polvo**
1 cucharadita de **bicarbonato**
1 cucharadita de **canela en polvo**
½ cucharadita de **jengibre en polvo**
125 g de **azúcar moreno**
1 **huevo**
75 ml de **aceite vegetal**
100 ml de **leche**
250 g de **cerezas**, sin hueso y cortadas por la mitad
125 g de **pasas**

para la **cobertura**
250 g de **mascarpone**
2 cucharadas de **azúcar de lustre**

para **decorar**
12 **cerezas**
una pizca de **canela en polvo**
(opcional)

**Ponga** el salvado de avena en un cuenco y tamice sobre el mismo la harina, la levadura en polvo, el bicarbonato, la canela y el jengibre y mézclelos. Agregue el azúcar y remueva bien.

**Incorpore** en una jarra el huevo, el aceite y la leche y viértalos sobre los ingredientes secos junto con las cerezas y las pasas. Remuévalos bien; después, forre un molde para 12 magdalenas con moldes de papel y reparta la mezcla en los orificios del mismo. Introdúzcalo en el horno, precalentado a 180 °C, de 20 a 25 minutos, hasta que haya subido y esté dorado. Retire las magdalenas del molde y póngalas en una rejilla de horno para que se enfríen.

**Bata** el mascarpone con el azúcar de lustre en un cuenco y agregue 1 cucharada, a modo de espirales, sobre las magdalenas frías; si lo desea, decórelas con una cereza y un poco de canela en polvo.

**Para preparar magdalenas de zanahoria**, no incluya el salvado de avena y, en su lugar, utilice 275 g de harina. Añada 1 cucharadita de especias variadas y sustituya las cerezas por 2 zanahorias ralladas. Agregue 75 g de nueces o pacanas, ligeramente picadas. Siga como se indica en la receta y decórelas con la misma cobertura y la mitad de una nuez en lugar de con cerezas.

# palomitas con chocolate y caramelo

para unos **175 g de palomitas**
tiempo de preparación
   **15 minutos**
tiempo de cocción, **10 minutos**
   aproximadamente

50 g aproximadamente
   de **chocolate con leche**
   partido en trozos
50 g de **caramelo sólido**
4 cucharadas de **leche**
1 cucharada de **aceite vegetal**
75 g de **palomitas de maíz**

**Ponga** los trozos de chocolate en un cuenco refractario pequeño e introdúzcalos en el microondas a potencia media durante 1 minuto. Déjelos reposar 2 minutos y vuelva a meterlos en el microondas, removiendo con frecuencia para que no queden grumos, durante 30 segundos por cada trozo, hasta que se hayan fundido. También puede derretir el chocolate al baño María en una cacerola refractaria.

**Desenvuelva** el caramelo e introdúzcalo en una bolsa de plástico apta. Luego, colóquelo en una tabla de cortar y golpéelo con un rodillo para romperlo en trozos pequeños. Ponga los trozos de caramelo en una cacerola y vierta la leche. Derrítalo a fuego mínimo (puede llevarle varios minutos, dependiendo de la dureza del caramelo) y retírelo del fuego.

**Caliente** el aceite durante 1 minuto en una cacerola grande. Incorpore las palomitas y tápelas. Fríalas hasta que dejen de estallar y luego, colóquelas en una placa de horno grande o en una fuente de horno y déjelas reposar 5 minutos.

**Rocíe** las palomitas, haciendo líneas con una cucharita, con un poco de caramelo. Y, después, haga lo mismo con el chocolate.

**Para preparar palomitas doradas**, siga las instrucciones de la receta para hacer las palomitas, pero sustituya el resto de los ingredientes por 4 cucharadas de miel de caña, calentada en una cacerola, junto con 25 g de mantequilla, hasta que se derrita. Añada 50 g de anacardos tostados y picados. Deje que se enfríen un poco y mézclelos con las palomitas para que las cubra ligeramente.

# pastel de plátano y chocolate

**8-10 raciones**
tiempo de preparación
  **15 minutos**
tiempo de cocción
  **55-60 minutos**

250 g de **mantequilla**,
  ablandada, y un poco más
  para engrasar
125 g de **azúcar**
1 cucharadita de **extracto
  de vainilla**
3 **huevos**, batidos
300 g de **harina bizcochona**
1 cucharadita de **levadura
  en polvo**
3 **plátanos** maduros, triturados
2 cucharadas de **leche**
175 g de **chocolate amargo**,
  cortado en trozos grandes,
  o **pepitas de chocolate**

**Unte** un molde para pan de 1 kg con un poco de mantequilla
y forre la base con papel de hornear. Bata la mantequilla con
el azúcar y el extracto de vainilla en un cuenco, hasta que la
mezcla quede suave y cremosa. Agregue los huevos y tamice
la harina y la levadura en polvo sobre la preparación. Bata
hasta que la textura sea suave y cremosa.

**Incorpore** los plátanos, la leche y el chocolate troceado
y mézclelos bien. Vierta la preparación en el molde,
introdúzcala en el horno, precalentado a 180 °C, y déjela
de 55 a 60 minutos, hasta que el pastel haya subido
y esté dorado.

**Deje** que el pastel se enfríe en el molde 10 minutos antes
de desmoldarlo y ponerlo en una rejilla de horno para que
se enfríe del todo. Sírvalo en rebanadas.

**Para preparar pastel de plátano y chocolate sin trigo**,
en lugar de harina, utilice 300 g de harina de arroz y añada
4 cucharadas de cacao en polvo al tamizar.

# flores de vainilla

para **30 galletas**
tiempo de preparación
  **30 minutos**
tiempo de cocción
  **10-15 minutos**

200 g de **mantequilla**,
  ablandada
unas gotas de **esencia
  de vainilla**
50 g de **azúcar de lustre**
175 g de **harina**
50 g de **maicena**
**adornos para pasteles**,
  para decorar

**Ponga** la mantequilla y la esencia de vainilla en un cuenco grande y tamice el azúcar de lustre sobre él. Bátalos con una cuchara de madera; tamice la harina y la maicena, en cantidades pequeñas, en el cuenco y mézclelas con una cuchara de metal.

**Ponga** la preparación en una manga pastelera y forme pequeñas flores con ella sobre una placa de horno forrada con papel de hornear. Para terminar, presiónelas con la boca de la manga mientras deja de apretarla. Ponga un adorno en el centro de cada galleta.

**Introduzca** las galletas en el horno, precalentado a 190 °C, y déjelas de 10 a 15 minutos o hasta que estén ligeramente doradas. Retírelas del horno y deje que se enfríen durante unos minutos en la placa de horno antes de colocarlas en una rejilla.

**Para preparar flores de jengibre**, mezcle con la maicena 1 cucharadita de pimienta de Jamaica en polvo o de especias variadas molidas. Decore las galletas colocando ¼ de un trozo jengibre en el centro y hornéelas como se indica en la receta.

# tortas invertidas

**4 raciones**
tiempo de preparación
**10 minutos**
tiempo de cocción
**15-18 minutos**

25 g de **mantequilla sin sal**
25 g de **azúcar mascabado**
   *light*
50 g de **grosellas rojas**
2 **peras** maduras, peladas,
   sin pepitas y cortadas
   en trozos grandes
½ paquete de 375 g de **hojaldre
   estirado**, previamente
   descongelado si es congelado
   y a temperatura ambiente

**Corte** la mantequilla en rodajas finas y repártala entre 4 moldes refractarios pequeños. Espolvoréela con el azúcar y, si las grosellas todavía están unidas a sus tallos, reserve 4 racimos para la decoración las tortas y retire los tallos a los demás racimos (la forma más fácil de hacerlo es desgranar las grosellas con un tenedor). Ponga varias grosellas en cada molde y, después, agregue los trozos de pera.

**Desenrolle** la lámina de hojaldre y córtela en círculos con la ayuda de un molde para hacer galletas de 10 cm de diámetro. Coloque los círculos sobre las peras y empuje el borde de la masa hacia adentro.

**Ponga** los moldes en una placa de horno e introdúzcalos en el horno, precalentado a 220 °C, de 15 a 18 minutos o hasta que los hojaldres hayan subido y estén ligeramente dorados. Con una manopla, retire la placa del horno, póngala en una superficie resistente al calor y deje que se enfríe un poco.

**Desprenda** los bordes de los hojaldres con la ayuda de un cuchillo. Luego, tome un molde con la manopla y coloque encima un platito invertido. Dé la vuelta al molde con el plato con mucho cuidado para desprender la torta con su cobertura de frutas. Repita la operación con las demás tortas y decórelas con el resto de los racimos para servirlas.

**Para preparar tortas invertidas de plátano con jarabe de arce**, sustituya las grosellas rojas y las peras por 2 plátanos cortados en rodajas finas. Coloque las rodajas de plátano en los moldes refractarios untados con mantequilla y, después, rocíelas con 1 cucharada de jarabe de arce. Cúbralas con la masa de hojaldre y continúe como se indica en la receta.

# barritas de fruta y pipas de calabaza

para **8 barritas**
tiempo de preparación
 **15 minutos**, más tiempo
 de refrigerado
tiempo de cocción **5 minutos**

50 g de **pipas de calabaza**
75 g de **brotes de soja secos**
75 g de **pasas**
75 g de **orejones de
 albaricoque**, en trozos grandes
50 g de **arándanos rojos secos**
300 g de **chocolate negro**,
 en trozos

**Unte** un molde para bizcochos de 28 × 18 cm con un poco de mantequilla y forre la base con papel de hornear. Ponga en un cuenco las pipas de calabaza, los brotes de soja y las frutas secas.

**Derrita** el chocolate (*véase* pág. 180), retírelo del fuego y viértalo sobre la mezcla de pipas, brotes y frutas secas. Remueva bien para que se impregnen del chocolate.

**Vuelque** la preparación en el molde y nivélela con el dorso de una cuchara para distribuirla uniformemente. Introdúzcala en la nevera 1 hora hasta que se solidifique y esté firme. Córtela en 8 barritas y resérvelas en el frigorífico en un recipiente hermético hasta que vaya a consumirlas.

**Para preparar barritas recubiertas de yogur**, en lugar de chocolate negro, utilice 200 g de chocolate blanco derretido al baño María. Una vez fundido, retírelo del fuego y agregue 2 cucharadas de yogur natural y ½ cucharadita de esencia de vainilla. Remuévalo bien y añada la mezcla a los ingredientes secos e incorpórelos para que se impregnen. Vuelque la preparación en el molde y resérvela en la nevera como se indica en la receta.

# coronas de Navidad

**6 raciones**
tiempo de preparación
 **30 minutos**
tiempo de cocción, **15 minutos**
 aproximadamente

50 g de **mantequilla**
150 g de **harina**
50 g de **azúcar**, y un poco
 más para espolvorear
ralladura de 1 **limón** pequeño
1 **huevo**, batido
trocitos de **angélica** y **cereza
 confitadas**, para decorar

**Ponga** la mantequilla en un cuenco y tamice la harina sobre él. Después, amalgame con las yemas de los dedos hasta que la preparación se parezca a unas migas de pan finas. Agregue el azúcar y la ralladura de limón y remueva con una cuchara de madera. Incorpore casi todo el huevo batido y siga removiendo hasta que los ingredientes se mezclen de manera homogénea. Forme una bola con la masa.

**Tome** trocitos de la masa y modele bolitas del tamaño de una cereza. Junte 8 bolitas para formar una corona y, luego, repita la operación para obtener 5 coronas más. Introduzca trocitos de cereza o de angélica confitadas entre las bolitas.

**Coloque** las coronas, primero, sobre una placa de horno forrada con papel de hornear y, después, en el horno, precalentado a 190 °C, durante unos 15 minutos, o hasta que estén ligeramente doradas. Justo antes de que terminen de hacerse, píntelas con el resto del huevo batido y espolvoréelas con azúcar y vuelva a introducirlas en el horno para que terminen de cocerse.

**Retire** las coronas del horno y deje que se enfríen un poco antes de colocarlas en una rejilla. Ensártelas en cintas y utilícelas de adorno.

**Para preparar árboles de Navidad**, con 10 bolitas de masa por árbol, forme filas con las bolitas, colocando una bolita en la fila superior, 2 en la segunda, 3 en la tercera y 4 en la inferior. De esta forma obtendrá el clásico árbol de Navidad triangular. Decore los árboles con trocitos de cereza y angélica confitadas y siga como se indica en la receta.

# pastel de chocolate garabateado

para **9 cuadrados de pastel**
tiempo de preparación
   **15 minutos**
tiempo de cocción **20 minutos**

50 g de **chocolate negro**,
   partido en trozos pequeños
50 g de **mantequilla**
   o **margarina**
2 **huevos**
150 g de **azúcar moreno**
50 g de **harina bizcochona**
**jeringuillas para glasear**,
   para decorar (opcional)

**Derrita** el chocolate con la mantequilla (*véase* pág. 180).

**Casque** los huevos en un cuenco grande, agregue el azúcar, tamice la harina sobre ellos y remuévalos enérgicamente.

**Mezcle** el chocolate fundido y la mantequilla y agréguelos con cuidado en el cuenco. Remueva la mezcla hasta que no queden grumos y vuélquela en un molde para pasteles cuadrado y llano de 20 cm , forrado con papel de hornear. Utilice una espátula para verter toda la mezcla en el molde y, después, introdúzcala en la parte superior del horno, precalentado a 180 °C, durante 20 minutos.

**Deje** que el pastel se enfríe en el molde y, una vez frío, córtelo en 9 cuadrados. Si lo desea, puede utilizar las jeringuillas para glasear para decorar los cuadrados de pastel con garabatos de glaseado.

**Para preparar pastel de coco rosa**, elabore una masa con 125 g de harina bizcochona, la misma cantidad de margarina y de azúcar y 2 huevos. Bata la preparación hasta que no queden grumos y esté cremosa y, luego, póngala en un molde cuadrado untado con mantequilla y forrado con papel de hornear. Introdúzcala en el horno precalentado como se indica en la receta, durante 20 minutos, hasta que el pastel esté dorado y, al insertar una broqueta, ésta salga limpia. Colóquelo en una rejilla de horno y deje que se enfríe. Mezcle 75 g de azúcar de lustre tamizado con 1 o 2 cucharaditas de jugo de remolacha hasta obtener una textura suave. Extienda esta mezcla sobre el pastel formando una capa fina y, luego, espolvoréela con 1 cucharada de coco rallado. Corte el pastel en cuadrados y sírvalo.

postres

# polos de colores de frutas

**8 raciones**
tiempo de preparación
 **20 minutos**, más tiempo
 de congelación
tiempo de cocción **15 minutos**

300 g de **frambuesas** frescas
25 g de **azúcar**
150 ml de **agua**,
 y 4 cucharadas más
400 g de **melocotones**
 en su jugo, de lata

**Ponga** las frambuesas y el azúcar en una cacerola pequeña, junto con 4 las cucharadas de agua, y llévelos a ebullición, removiendo bien hasta que se disuelva el azúcar. Vierta el resto del agua.

**Pase** el líquido de las frambuesas por un colador, presionándolo bien con una cuchara de metal para aprovechar al máximo la pulpa y desechar las semillas.

**Vierta** la mezcla en 8 moldes para polos, llenado únicamente la base de los moldes (puede utilizar 8 envases de yogur bien limpios; colóquelos en una bandeja de horno, cúbralos con papel de aluminio e inserte palitos en el centro de los vasos; el papel de aluminio ayudará a que los palitos permanezcan en el centro). Introdúzcalos en el congelador de 1 a 2 horas, hasta que estén firmes.

**Mientras tanto**, introduzca los melocotones con su jugo en un robot de cocina y tritúrelos hasta obtener un puré suave. Luego, una vez que estén firmes las bases de frambuesa de los polos, vierta el puré de melocotón sobre ellas y déjelos en el congelador durante 1 o 2 horas, o toda la noche, hasta que estén firmes.

**Para preparar polos de yogur y melocotón Melba**, prescinda del azúcar y del agua y triture las frambuesas, los melocotones y 150 ml de yogur liquido de frambuesa en un robot de cocina. Reparta la mezcla entre 8 moldes para polos e introdúzcalos en el congelador durante 4 o 5 horas, hasta que estén firmes.

RESPUESTA
COMERCIAL
F.D. Autorización
N.º 9608
(B.O.C. N.º 11
de 2-2-90)

■ ■ ■ ■ ■ ■ ■ ■ ■ ■ ■ ■ ■ ■ ■ ■ ■

## NATURART
### Apartado F.D. 566
### 08080 BARCELONA

A
FRANQUEAR
EN
DESTINO

IMPRESO EN PAPEL RECICLADO

# SERVICIO GRATUITO DE INFORMACIÓN

Nombre y apellidos

Dirección

Población _____ C.P.

Provincia _____ Teléfono

Profesión

e-mail

## ¿CÓMO CONOCIÓ ESTE LIBRO?

☐ Reseña crítica en prensa    ☐ Anuncio prensa    ☐ Escaparate    ☐ Librería    ☐ Bibliotecas
☐ Recomendación personal    ☐ Catálogo    ☐ Internet    ☐

Deseo recibir, sin compromiso alguno, información bibliográfica de los siguientes temas:

☐ ARTE, HISTORIA, RELIGIÓN    ☐ ARQUITECTURA    ☐ ECOLOGÍA    ☐ DEPORTES
☐ FOTOGRAFÍA, FOTOPERIODISMO    ☐ VIAJES    ☐ VIDA NATURAL    ☐ EMPRESA
☐ TALLER DE ARTE    ☐ JARDÍN    ☐ ENOLOGÍA    ☐ INFANTIL, JUVENIL
☐ DECORACIÓN, INTERIORISMO    ☐ NATURALEZA    ☐ GASTRONOMÍA    ☐ EDICIONS EN CATALÀ

Otros temas de su interés

Deseamos facilitarle un servicio gratuito de información sobre nuestras publicaciones.
Le agradecemos su amable colaboración.

BLUME-NATURART, S.A. - Avda. Mare de Déu de Lorda, n.° 20 - 08034 Barcelona. Tel. 93 205 40 00 - Fax 93 205 14 41
E-mail: info@blume.net. Consulte nuestro catálogo on line en Internet: www.blume.net
(Incluimos nuestras novedades 24 horas después de su publicación). Servicio gratuito de información. La información que
usted nos facilita permitirá adecuar nuestras ofertas a sus intereses y quedará recogida en nuestro fichero. Usted tiene
derecho a acceder a esta información y cancelarla o modificarla en caso de ser errónea.

BLUME

# tortitas con arándanos azucarados

para **20-24 tortitas**
tiempo de preparación
   **15 minutos**
tiempo de cocción **10 minutos**

2 **huevos**
25 g de **mantequilla sin sal**
100 ml de **leche**
100 g de **harina**
1 cucharadita de **levadura
   en polvo**
2 cucharadas de **azúcar
   avainillado** o **azúcar
   blanquilla**
125 g de **arándanos**
**aceite vegetal**, para freír

**Separe** las claras de las yemas y viértalas en 2 cuencos distintos. Ponga la mantequilla en un cuenco refractario e introdúzcala en el microondas durante 30 segundos, hasta que se haya derretido. Añada la leche e incorpore la mezcla, sin dejar de remover, sobre las yemas.

**Ponga** la harina, la levadura en polvo y 1 cucharada del azúcar en un cuenco grande. Agregue la preparación de leche y bata bien hasta conseguir una masa sin grumos. Añada los arándanos.

**Bata** las claras a punto de nieve suave y, con una cuchara grande de metal, mézclalas bien y con cuidado con la masa.

**Caliente** un poco de aceite en una sartén grande durante 1 minuto y agregue 1 cucharadita de la masa en un lado de la sartén para que pueda extenderse formando una tortita. Añada 2 o 3 cucharaditas más, en función del tamaño de la sartén. Cuando las tortitas se doren por debajo, deles la vuelta y siga cocinándolas hasta que estén doradas. Luego, retírelas de la sartén y colóquelas en un plato, listas para servir, y no deje que se enfríen mientras hace el resto.

**Espolvoréelas** con el resto del azúcar y sírvalas.

**Para preparar tortitas con higos y vainilla**, agregue 1 cucharadita de esencia de vainilla a la leche, prescinda de los arándanos y continúe como se indica en la receta. Corte 3 higos pequeños en cuñas y póngalos en una sartén junto con 15 g de mantequilla sin sal y 3 cucharadas de jarabe de arce. Caliéntelos 2 minutos, removiéndolos hasta que se ablanden y, después, espárzalos sobre las tortitas calientes. Sírvalas acompañadas de yogur.

# melocotones al caramelo

**4 raciones**
tiempo de preparación
**10 minutos**
tiempo de cocción **15 minutos**

4 **melocotones**, cortados
por la mitad y sin hueso
50 g de **almendras molidas**

para la **salsa**
125 g de **azúcar moreno**
5 cucharadas de **jarabe de arce**
25 g de **mantequilla**
150 ml de **crema de leche
ligera**

**Corte** 4 cuadrados de papel de aluminio de 20 × 20 cm
y coloque 2 mitades de melocotón en cada uno. Espolvoréelas
con las almendras molidas y envuélvalas en el papel de
aluminio. Después, introdúzcalas en el grill precalentado
a media potencia de 5 a 8 minutos, dándoles la vuelta
una o dos veces, hasta que se ablanden.

**Mientras tanto**, prepare la salsa. Ponga el azúcar, el jarabe
de arce y la mantequilla en una cacerola antiadherente
y caliéntelos a fuego lento hasta que se disuelva el azúcar.
Remueva sin cesar, hasta que la salsa hierva y espese
(le debería de llevar unos 3 minutos). Incorpore la crema
de leche, vuelva a llevar la salsa a ebullición y retírela
inmediatamente del fuego.

**Riegue** las mitades de melocotón con la salsa y sírvalas.

**Para preparar manzanas al caramelo**, coloque
4 manzanas cortadas por la mitad sobre trozos de
papel de aluminio. Distribuya 15 g de mantequilla
en dados entre ellas y colóquelos sobre las mitades
de manzana. Luego, espolvoréelas con un poco de
canela en polvo y póngalas en el grill de 10 a 12 minutos,
hasta que se hayan ablandado pero sigan conservando
su forma. Sírvalas con la salsa como se indica en la receta.

# tarta arcoíris

**8 raciones**
tiempo de preparación
 **25 minutos**
tiempo de cocción **30 minutos**

375 g de **masa dulce** para tartas
2 **yemas de huevo**
3 cucharadas de **maicena**
3 cucharadas de **azúcar blanquilla**
300 ml de **leche**
1 cucharadita de **esencia de vainilla**
1 **naranja** grande, en gajos
175 g de **fresas**, cortadas por la mitad
125 g de **arándanos azules**
2 rodajas de **piña** frescas y gruesas, cortadas en trozos pequeños
2 **kiwis**, cortados en rodajas
**azúcar de lustre**, para espolvorear
*crème fraîche* o **yogur natural**, para servir

**Forre** con la masa un molde acanalado para tartas de 23 cm de diámetro . Recorte el borde y presione firmemente la masa contra él para que sobresalga un poco del molde. Forre la masa con papel de hornear y ponga garbanzos o pesos de cerámica para la cocción en blanco; después, coloque el molde en el horno, precalentado a 180 °C, durante 15 minutos. Retire el papel y el peso, introdúzcalo en el horno 5 minutos más y déjelo reposar para que se enfríe.

**Mezcle** en un cuenco las yemas, la maicena y el azúcar. Ponga la leche en una cacerola antiadherente de fondo grueso, llévela a ebullición y viértala sobre la preparación de huevo. Incorpórelo bien con un batidor manual. Agregue la esencia de vainilla y ponga la mezcla en el fuego en la cacerola, previamente enjuagada; llévela a ebullición, sin dejar de remover, hasta que hierva y espese. Pásela a un cuenco y deje que se enfríe, removiéndola de vez en cuando. Tápela con film transparente para evitar que se forme una costra.

**Coloque** la masa fría en un plato y rellénela con la crema pastelera, utilizando una cuchara de metal para que llegue hasta el borde. Introduzca las frutas en un cuenco, mézclelas y, después, distribúyalas sobre la crema. Espolvoree la tarta con azúcar de lustre y sírvala en trozos grandes con cucharadas de *crème fraîche* o yogur.

**Para preparar tarta soleada**, mezcle 2 naranjas en gajos, 3 rodajas gruesas de piña fresca, cortadas en trozos grandes, y 2 plátanos, cortados en rodajas gruesas rociados con 2 cucharadas de jugo de limón o lima, y 1 mango pequeño cortado en trozos grandes. Utilice esta mezcla de frutas para rellenar la tarta.

# natillas rosas crujientes

**6 raciones**
tiempo de preparación
   **20 minutos**
tiempo de cocción **30 minutos**

500 g de **fresas**, sin pedúnculo
   y cortadas por la mitad
250 g de **frambuesas**,
1 **naranja**, pelada y en gajos
4 cucharadas de **azúcar**
½ cucharadita de **canela
   en polvo**

para el **crujiente**
250 g de **harina**
125 g de **mantequilla**, helada
   y cortada en dados
75 g de **azúcar moreno**
50 g de **avellanas** tostadas,
   ligeramente picadas,
   o **almendras laminadas**
   (opcional)

para las **natillas**
2 **yemas de huevo**
2 cucharadas de **maicena**
3 cucharadas de **azúcar**
350 ml de **leche**
2 cucharadas de **jugo de
   remolacha** (procedente
   de un paquete de
   remolacha cocida)
   o una gotita de cochinilla

**Coloque** las fresas, las frambuesas, los gajos de naranja
(y su jugo), el azúcar y la canela en un cuenco y mézclelos
con cuidado para que las frutas queden ligeramente
cubiertas con el azúcar y la canela, procurando que no
se rompan las frambuesas. Introduzca la fruta en una
fuente para gratinar y resérvela mientras prepara el crujiente.

**Ponga** la harina en un cuenco, incorpore la mantequilla
y amalgame con la harina con las yemas de los dedos hasta
que la preparación se asemeje a unas migas de pan finas.
Agregue, sin dejar de remover, el azúcar y, si lo desea, las
avellanas (o las almendras); después, añada la mezcla sobre
la fruta con una cuchara. Introdúzcala en el horno, precalentado
a 200 °C, de 25 a 30 minutos.

**Prepare** las natillas rosas: ponga las yemas, la maicena
y el azúcar en un cuenco y mézclelos bien. Luego, vierta la
leche en una cacerola antiadherente de fondo grueso, llévela
a ebullición y rocíela sobre la preparación de huevo. Añada
el jugo de remolacha al cuenco y bátalo todo bien. Después,
vuelva a poner la mezcla en el fuego y cocine a fuego suave,
sin dejar de remover, hasta que espese.

**Sirva** el crujiente en cuencos y vierta por encima las natillas
rosas.

**Para preparar** *crumble* **al estilo caribeño**, en lugar de
fresas y frambuesas, utilice 1 mango grande y 6 rodajas
gruesas de piña fresca, ambos cortados en trozos grandes.
Mézclelos con los gajos de naranja y 75 g de pasas.
Sustituya las avellanas (o las almendras) por 4 cucharadas
de coco rallado. Sírvalo con helado en lugar de con natillas.

# tarta de arándanos y melocotón

**4 raciones**
tiempo de preparación
**20 minutos**
tiempo de cocción **40 minutos**

3 **huevos**
150 g de **harina**
125 g de **azúcar de lustre**, y un
poco más para espolvorear
300 ml de **leche**
1 cucharadita de **esencia
de vainilla**
15 g de **mantequilla**, ablandada
2 **melocotones**, sin hueso
y cortados en cuñas
125 g de **arándanos**
la ralladura de 1 **limón**

**Bata** en un cuenco los huevos, la harina, el azúcar, la leche
y la esencia de vainilla hasta que espesen y obtenga una
mezcla cremosa. Unte bien un molde redondo de 20 cm
de diámetro con la mantequilla, rellénelo con los arándanos
y los trozos de melocotón y espolvoréelo con la ralladura
de limón.

**Ponga** la mezcla de masa sobre la fruta e introdúzcala en
el horno, precalentado a 190 °C, durante 35 minutos, hasta
que la masa esté firme.

**Espolvoree** la tarta con azúcar de lustre y sírvala en trozos
grandes.

**Para preparar tarta de fresa, plátano y cereza**, sustituya
los arándanos y los melocotones por 1 plátano grande,
cortado en rodajas gruesas, 175 g de fresas y 125 g de
cerezas frescas sin hueso. Y, si lo desea, añada 1 cucharadita
de canela en polvo a la fruta y mézclelas.

# el postre estrella del día

**6 raciones**
tiempo de preparación
**20 minutos**, más tiempo
de refrigerado
tiempo de cocción **3 minutos**

125 g de **ciruelas pasas**,
cortadas en trozos grandes
150 ml de **agua**
125 g de **chocolate negro**
(con un 70 % de cacao),
en trozos
500 ml de **yogur natural**
25 g de **chocolate negro**
o **chocolate con leche**,
en virutas, para decorar

**Ponga** las ciruelas pasas en una cacerola, junto con el agua, y llévalas a ebullición. Retire inmediatamente la cacerola del fuego e introduzca los ingredientes en un robot de cocina. Tritúrelos hasta que no queden grumos.

**Ponga** de nuevo las ciruelas pasas en la cacerola, agregue los trozos de chocolate y caliente a fuego muy suave, sin dejar de remover, hasta que el chocolate se haya derretido. Retire la mezcla del fuego, bátala junto con el yogur y deje que se enfríe.

**Distribuya** el postre entre 4 vasos y decórelo con las virutas de chocolate. Déjelo reposar en la nevera unos 30 minutos y sírvalo.

**Para preparar postre de chocolate con menta estrella del día**, utilice chocolate con menta (con un 70 % de cacao), espolvoree los postres con un poco de cacao en polvo ecológico y sírvalos con bastoncitos de chocolate con menta, para darse y darles a los niños un auténtico capricho.

# plátanos fritos con yogur helado

**4 raciones**
tiempo de preparación
**20 minutos**, más tiempo
de congelado
tiempo de cocción **10 minutos**

3 cucharadas de **azúcar**
150 ml de **agua**
2 **yogures naturales** de 500 ml
3 cucharaditas de **esencia
de vainilla**
15 g de **mantequilla**, ablandada
4 **plátanos** maduros
½ cucharadita de **canela en
polvo** o **nuez moscada
en polvo** (opcional)

para **servir**
4 cucharadas de **jarabe de arce**
50 g de **pacanas** partidas

**Ponga** el azúcar y el agua en una cacerola de fondo grueso
y llévelos a ebullición. Siga hirviendo de 3 a 5 minutos,
hasta que el almíbar se haya reducido a la mitad. Retírelo
del fuego y agregue, sin dejar de remover, el yogur y
la esencia de vainilla. Ponga la mezcla en un recipiente
apto para el congelador y congélela durante 3 horas.

**Saque** el yogur helado del congelador y bátalo con
una cuchara de madera hasta que esté medio derretido.
Después, vuelva a introducirlo en el congelador durante
4 horas o toda la noche, hasta que esté firme.

**Caliente** la mantequilla en una sartén antiadherente grande.
Corte los plátanos por la mitad a lo largo, y luego, a su vez,
las mitades por la mitad a lo ancho. Espolvoree los trozos
de plátano, con la parte cortada hacia arriba, con la canela
(o la nuez moscada) en polvo, si la utiliza, y fríalos en la
mantequilla caliente de 30 a 60 segundos, hasta que estén
dorados. Retírelos de la sartén con una espumadera.

**Coloque** los trozos de plátano sobre platos de servir
a modo de celosía y, después, rocíelos con el jarabe
de arce y esparza por encima las pacanas. Sírvalos
con bolas de yogur helado por encima.

**Para preparar yogur helado de fresa**, como otra opción
de acompañamiento, siga las instrucciones de la receta,
pero en lugar de yogur natural, utilice yogur de fresa. Fría
en la mantequilla 375 g de fresas, cortadas por la mitad,
junto con ½ cucharadita de ralladura de ½ naranja y
1 cucharada de jarabe de arce, de 2 a 3 minutos, hasta
que se ablanden, pero todavía conserven la forma. Sirva
las fresas calientes con el yogur helado de fresa.

# pastel de higo y plátano

**6 raciones**
tiempo de preparación
**10 minutos**
tiempo de cocción **20 minutos**

125 g de **margarina**
o **mantequilla**, ablandada
125 g de **azúcar moreno**
1 cucharadita de **jengibre
en polvo**
2 **huevos**
125 g de **harina**
3 **higos**, cortados en cuartos
1 **plátano** grande, cortado
en trozos grandes
2 cucharadas de **jarabe de arce**
**helado** o **natillas de vainilla**,
para servir

**Bata** la margarina o la mantequilla y el azúcar hasta obtener una mezcla suave y cremosa. Incorpore el jengibre en polvo, los huevos y la harina y vuelva a batir hasta que no queden grumos. Unte un molde cuadrado, o una fuente refractaria, de 23 cm con un poco de mantequilla y, luego, ponga la mezcla en el molde con una cuchara y nivélela con el dorso de la misma.

**Mezcle** los trozos de higo y plátano con el jarabe de arce y dispóngalos sobre el pastel, empujando algunos trozos hacia el interior del mismo. Introdúzcalo en el horno, precalentado a 180 °C, durante 20 minutos, hasta que haya subido del todo y esté dorado y los trozos de higo y plátano se hayan ablandado.

**Sirva** el pastel en cuadrados con bolas de helado o natillas de vainilla (*véase* inferior).

**Para preparar natillas de vainilla**, como acompañamiento, caliente 300 ml de leche junto con las semillas de ½ vaina de vainilla en una cacerola antiadherente hasta que hierva. Mientras, mezcle 2 yemas de huevo con 1 cucharadita de maicena y 2 cucharadas de azúcar. Una vez que haya hervido, vierta la leche sobre la mezcla de huevo y bata para incorporar bien los ingredientes. Vuelva a poner la mezcla en el fuego, sin dejar de remover, hasta que empiece a hervir y a espesar (cubrirá el dorso de una cuchara).

# tarta de crema de finales de verano

**6-8 raciones**
tiempo de preparación
**20 minutos**, más tiempo
de refrigerado
tiempo de cocción **25 minutos**

150 g de **harina**, y un poco
más para espolvorear
3 cucharadas de **natillas
en polvo**
2 cucharadas de **azúcar
de lustre**
75 g de **mantequilla**, helada
y cortada en dados
2-3 cucharadas de **agua fría**
500 g de **moras**
2 **manzanas**, peladas,
sin corazón y cortadas
en trozos grandes
4 cucharadas de **azúcar
blanquilla**
1 cucharada de **miel líquida**
**huevo** batido
**helado de vainilla** (opcional)
o *crème fraîche* (opcional),
para servir

**Tamice** la harina, las natillas en polvo y el azúcar de lustre en
un cuenco. Incorpore la mantequilla y amalgame con la harina,
con las yemas de los dedos, hasta que la mezcla se parezca
a unas migas de pan finas. Vierta el agua y, con un cuchillo,
trabaje la preparación hasta obtener una masa suave y firme.
Envuélvala y déjela reposar en la nevera 15 minutos.

**Mezcle** las moras y los trozos de manzana con el azúcar
blanquilla y la miel y póngalos en un molde para tartas redondo
o en una fuente refractaria de 20 cm de diámetro.

**Estire** la masa con un rodillo sobre una superficie bien
enharinada hasta formar un círculo un poco más grande
que el molde. Coloque el molde sobre la masa y corte
a su alrededor con un cuchillo afilado para obtener un
círculo del tamaño adecuado para cubrir la tarta. Con los
recortes de masa sobrantes forme una tira para el borde
de 1 cm de ancho. Humedezca el borde del molde y coloque
tiras de masa sobre él, presionando firmemente. Luego,
humedezca la tira de masa antes de colocar el círculo encima.
Forme hojas u otras formas decorativas con cualquier tira
sobrante para adornar la tarta.

**Pinte** la masa con el huevo batido e introdúzcala en el horno,
precalentado a 200 °C, de 20 a 25 minutos. Si lo desea, sirva
la tarta acompañada de helado de vainilla o *crème fraîche*.

### Para preparar tarta de crema con melocotón y canela,
escurra 2 latas de 400 g de melocotones en su jugo
y mézclelos con los trozos de manzana, 1 cucharada
de azúcar moreno y 1 cucharadita de canela en polvo.
Utilícelos, en lugar de las moras, junto con las natillas,
como se indica en la receta.

# crepes telaraña

**8 raciones**
tiempo de preparación
**15 minutos**
tiempo de cocción
**15-20 minutos**

2 **huevos**
150 g de **harina**
1 cucharadita de **azúcar**
300 ml de **leche**
15 g de **mantequilla**, derretida
300 ml de **crema de leche
espesa**
3 cucharaditas de **miel líquida**
250 g de **frambuesas**
**aceite vegetal**, para freír
**azúcar de lustre**,
    para espolvorear

**Bata** bien los huevos con la harina y el azúcar en un cuenco
y, después, agregue la leche y siga batiendo hasta conseguir
una masa sin grumos. Vierta la mantequilla derretida y reserve
la masa.

**Monte** la crema de leche muy suavemente hasta conseguir
un punto de nieve suave y, después, añada y mezcle la miel
y las frambuesas e introduzca la preparación en la nevera
mientras elabora las crepes.

**Caliente** unas gotitas de aceite en una sartén antiadherente
pequeña. Luego, ponga la masa en una jarra de pico estrecho y
viértala a la sartén, formando una línea muy fina que empiece
en el centro y continúe en círculos alrededor de la línea y
traspasándola, para crear un dibujo de telaraña de unos 15 cm
de diámetro. Fría la masa 1 minuto hasta que cuaje y, luego,
con una espumadera, dele la vuelta y fríala por el otro lado
30 segundos. Repita la operación para hacer 7 crepes
más; colóquelas apiladas entre hojas de papel de hornear
para que no se enfríen.

**Sirva** las crepes calientes rellenas de nata con frambuesas
y espolvoreadas con un poco de azúcar de lustre.

**Para preparar crepes telaraña con manzana y canela**,
ponga 2 manzanas grandes, peladas y cortadas en trozos
grandes, en una cacerola junto con 3 cucharadas de pasas,
la misma cantidad de agua, ½ cucharadita de canela en
polvo y 2 cucharadas de azúcar moreno, y cocínelas a fuego
suave de 3 a 5 minutos, sin dejar de remover. Retírelas del
fuego y deje que se enfríen. Sirva las crepes rellenas de crema
de leche para sustituir a las frambuesas, o rellénelas con
la mezcla de manzana y sírvalas con yogur.

# *brownies* con fruta y sin azúcar

**12 raciones**
tiempo de preparación
**20 minutos**
tiempo de cocción **30 minutos**

250 g de **de chocolate negro**
(con un 70 % de cacao)
125 g de **mantequilla sin sal**
4 **huevos**
150 g de **harina**
50 g de **almendras molidas**
75 g de **pepitas de chocolate
negro**
50 g de **pacanas**, partidas
en trozos grandes (opcional)

para **servir**
**frambuesas, fresas**
y **arándanos** frescos
**helado** o *crème fraîche*

**Unte** un molde de 28 × 18 cm y forre la base con papel
de hornear.

**Derrita** el chocolate junto con la mantequilla (*véase* pág. 180)
y, después, retírelo del fuego y deje que se enfríe 2 minutos.
Bata los huevos en un cuenco aparte hasta que estén
espumosos (le llevará unos 3 minutos); luego, añada
la preparación fría de chocolate.

**Agregue** y mezcle la harina, las almendras molidas, las
pepitas de chocolate y, si lo desea, las pacanas. Introduzca
la mezcla en el molde preparado y métala en el horno,
precalentado a 180 °C, de 25 a 30 minutos, hasta que
esté firme al tacto.

**Deje** que los *brownies* se enfríen en el molde durante
20 minutos antes de cortarlos en 12 cuadrados y servirlos
acompañados de las frutas y del helado o la *crème fraîche*.

**Para preparar *brownies* de chocolate blanco con fresas**
(utilice un chocolate que contenga azúcar), sustituya
el chocolate negro por chocolate blanco y las pepitas
de chocolate y las pacanas por 125 g de fresas
cortadas en trocitos. Los *brownies* estarán blandos
y se conservarán en la nevera durante 3 días.

# refrescos de frutas

# limonada fresca

para **1,8 l**
tiempo de preparación
  **4-5 minutos**, más tiempo
  de enfriado
tiempo de cocción **4-5 minutos**

75 g de **azúcar**
1,8 litros de **agua**
4 **limones**, cortados en rodajas,
  y unas cuantas rodajas más
  para servir
**cubitos de hielo**

**Ponga** el azúcar en una cacerola junto con 600 ml de agua y las rodajas de limón. Llévelos a ebullición, sin dejar de remover, hasta que el azúcar se haya disuelto.

**Retire** la mezcla del fuego y agregue el resto del agua. Remuévala, resérvela y deje que se enfríe.

**Extraiga** todo el jugo de los limones, una vez que esté fría la preparación. Pase el zumo por un colador; añada los cubitos de hielo y sirva la limonada en vasos decorados con rodajas de limón.

**Para preparar jugo de lima fresco**, utilice 6 limas en lugar de 4 limones, o una mezcla de ambos. Para darle un toque a menta, pique un poco de menta y añádala al jugo de lima mientras se enfría. Cuele el jugo como se indica en la receta.

# jugo de mango, melón y naranja

para **unos 400 ml**
tiempo de preparación
  **5-6 minutos**

1 **mango** maduro, cortado
  en trozos grandes
½ **melón Galia**, sin pepitas
  y cortado en trozos grandes
200 ml de **jugo de naranja**
2 **cubitos de hielo**

**Ponga** los trozos de mango y de melón en una licuadora
para obtener una mezcla suave.

**Añada** el jugo de naranja y los cubitos de hielo y triture hasta
conseguir una textura suave. Sirva el jugo inmediatamente.

**Para preparar jugo de piña y coco**, vierta el contenido
de 1 lata de 400 g de leche de coco en un robot de cocina
con ½ piña pequeña, pelada, sin corazón y cortada en trozos
grandes. Tritúrelas hasta que obtenga una mezcla suave
y sirva el jugo sobre hielo y decorado con cerezas o fresas
frescas para aportar un toque de color.

# batido de vainilla y fresa

**2 raciones**
tiempo de preparación
**5-6 minutos**, más tiempo
de enfriado
tiempo de cocción **5-6 minutos**

300 ml de **leche**
300 ml de **crema de leche
ligera**
½ **vaina de vainilla**
250 g de **fresas**, sin pedúnculo

**Vierta** la leche y la crema de leche en una cacerola. Extraiga las semillas de la vaina de vainilla con el dorso de una cucharilla. Agregue la vaina y las semillas a la cacerola. Llévelas a ebullición y remuévalas. Una vez alcanzado el punto de ebullición, retire la cacerola del fuego y deje que se enfríen los ingredientes.

**Introduzca** las fresas en un robot de cocina y píquelas hasta que no queden grumos. Añada la leche con vainilla fría y vuelva a procesarlas hasta que la preparación adquiera un color rosa. Vierta el batido en vasos fríos y sírvalo con pajitas.

**Para preparar batido de fresa y helado de vainilla**, ponga la leche y las fresas en un robot de cocina junto con 5 bolas de helado de vainilla de buena calidad (con semillas de vainilla) y procéselas hasta que queden suaves y estén bien mezcladas. Agregue un poco de hielo y vuelva a accionar la máquina. Vierta el batido en vasos fríos y sírvalo.

# jugo de sandía y frambuesa

**Para unos 200 ml**
tiempo de preparación
   **5-6 minutos**

300 g de **sandía** (¼ de sandía
   de tamaño mediano),
   sin pepitas y troceada
125 g de **frambuesas**
**cubitos de hielo**, machacados
   (opcional)

**Pase** la sandía y las frambuesas por la licuadora hasta
obtener una mezcla suave. Cuele el zumo para desechar
las semillas de las frambuesas.

**Sírvalo** en vasos y, si lo desea, sobre unos cubitos de hielo
machacado.

**Para preparar jugo de melón y manzana**, introduzca
medio melón verde pequeño, sin pepitas y troceado,
en un robot de cocina junto con 1 manzana verde, con
piel, sin el corazón y cortada en cuñas. Vierta 1 cucharada
de jugo de limón y triture hasta conseguir una mezcla
suave. Si lo desea, sirva el jugo sobre hielo machacado.

# batido helado de yogur con nectarinas y frambuesas

**2 raciones**
tiempo de preparación
**5 minutos**

3 **nectarinas**, sin hueso
  y cortadas por la mitad
175 g de **frambuesas**
150 ml de **yogur natural**
unos cuantos **cubitos de hielo**

**Introduzca** las mitades de nectarina y las frambuesas en un robot de cocina y tritúrelas hasta obrtener una mezcla muy suave. Añada el yogur y vuelva a accionar la máquina. Luego, agregue los cubitos de hielo y triture muy bien hasta que el batido quede espeso.

**Sírvalo** en vasos fríos y decórelo con sombrillas de cóctel o cualquier otro adorno para que parezca divertido probarlo.

**Para preparar batido helado de coco con plátano y mango**, sustituya las nectarinas y las frambuesas por 1 plátano maduro grande y 1 mango cortado en trozos grandes y tritúrelos hasta conseguir una mezcla suave. Vierta 150 ml de leche de coco y vuelva a accionar la máquina. Incorpore los cubitos de hielo y procese hasta que el batido espese. Viértalo en vasos fríos para servirlo.

# polos de melocotón, manzana y fresa

**4 raciones**
tiempo de preparación
**7-8 minutos**, más tiempo
de refrigerado

2 **melocotones**, pelados,
sin hueso y cortados
en trozos grandes
300 ml de **agua**
1 **manzana roja**, pelada
125 g de **fresas**, sin pedúnculo

**Pase** los trozos de melocotón por la licuadora hasta que queden suaves. Vierta 1/3 del agua y distribuya la mezcla entre 4 moldes para polos. Congélela hasta que solidifique.

**Corte** la manzana en trozos grandes del mismo tamaño y licúela. Añada 1/3 del agua y viértalo sobre la preparación de melocotón congelada y, después, congélela hasta que solidifique.

**Retire** el pedúnculo a las fresas y licúelas. Añada el agua restante y viértala sobre la mezcla de manzana congelada y después introduzca los polos en el congelador hasta que solidifiquen.

**Para preparar polos de chocolate y mandarina**, ponga 300 g de gajos de mandarina de lata en un robot de cocina y tritúrelos hasta que queden suaves. Luego, añádalos a una cacerola junto con 125 g de chocolate ecológico sin leche con un 70% de cacao y caliéntelos hasta que el chocolate se haya derretido. Remuévalo bien con el puré de mandarina; vierta la mezcla en 4 moldes para polos y, después, introdúzcalos en el congelador durante 2 horas, hasta que estén firmes.

# batido semáforo

**Para 400 ml**
tiempo de preparación
**9-10 minutos**

3 **kiwis**, cortados en trozos
    grandes
150 ml de **yogur con sabor
    cítrico (de limón o naranja)**
1 **mango** pequeño, cortado
    en trozos grandes
2 cucharadas de **jugo
    de naranja** o **de manzana**
150 g de **frambuesas**
1-2 cucharaditas de **miel líquida**

**Triture** los kiwis hasta que no queden grumos; reparta el puré con una cuchara en 2 vasos altos y corónelos con 1 cucharada de yogur, bien distribuido para crear una fina capa.

**Pase** por la licuadora los trozos de mango y mézclelo con el jugo de naranja o manzana hasta obtener un puré . Repártalo en los vasos con la ayuda de una cuchara. Y, luego, coloque encima otra capa de yogur.

**Licúe** las frambuesas y cuélelas sobre un cuenco para desechar las semillas. Compruebe su dulzor (si están muy ácidas, quizá tenga que añadir con un poco de miel) y distribuya el puré de frambuesas en vasos con una cuchara.

**Para preparar batido cebra de moras**, ponga 125 g de moras en un robot de cocina junto con 2 cucharadas de miel líquida y tritúrelas hasta que no queden grumos. Prescinda de los kiwis, el mango y el jugo de naranja (o de manzana) y alterne capas de puré de moras y yogur.

# índice

# agradecimientos

## Agradecimientos de la autora

Me gustaría dar las gracias a mi hermana
Sophie por su ayuda y apoyo durante
la redacción de este libro. Asimismo,
deseo mostrar mi agradecimiento tanto
a sus hijos como a los míos por ser los
catadores de las recetas que se incluyen
en el libro.

**Editora ejecutiva** Nicky Hill
**Editora** Kerenza Swift
**Editor artístico ejecutivo** Mark Stevens
**Diseñador** Richard Scott
**Fotógrafa** Lis Parsons
**Especialista en economía doméstica** Emma Jane Frost
**Atrezzista** Liz Hippisley

**Fotografías por encargo** © Octopus Publishing Group
Limited/ Lis Parsons, excepto las siguientes: © Octopus
Publishing Group Limited/ Vanessa Davies 8, 11, 12, 115,
158, 163, 169, 185, 191, 193, 225, 228, 233, 235.